AF409280

Sutiles

Sutiles

José M. Fernández Pequeño

— LUNA INSOMNE EDITORES —
Santo Domingo, República Dominicana

Sutiles
José M. Fernández Pequeño

Dirección editorial: Luis Reynaldo Pérez
Corrección: Apio Garciandía
Diseño de portada/Diagramación: Luna Insomne Editores
Fotografía del autor: © Karenia Guillarón
Imágenes de portada: © Jorge Pineda:

Niñas rojas, Viktoria (2009). Dibujo, lapicero de tinta roja sobre papel arches de 300 gr., 56 x 76 cm. Colección privada. Fotografía: Mariano Hernández.

Niñas rojas, VII (2008). Dibujo, lapicero de tinta roja sobre papel arches de 300 gr., 56 x 76 cm. Colección privada. Fotografía: Mariano Hernández.

ISBN: 978-9945-09-044-4

lunainsomne@gmail.com

Índice

Para Karenia, que me soñó.

Para Thiago, a quien soñé.

Para Jorge Pineda,
hermano,
que tanto sabe de esos sueños.

…por entre lo recóndito tras de ti
sutil
el hilo casi.

ALEISA RIBALTA

_______________________ **Humo**

«Ah, literatura», dice el gerente mientras manosea mi resumé. Y no es que decir *ah, literatura* en medio de un departamento de ropa femenina tenga algo especial, sino el tono y la expresión con que lo ha dicho, de seguro los que usaría para referirse al sapo que su esposa encontró nadando en la taza del inodoro. No sé por qué, recuerdo que alguna vez, hace tantísimos años, el gobierno de la isla donde nací creó por decreto un género literario. Y aquí de pie, hundido en el tenue olor de la ropa interior para mujeres, me regresa en un segundo la cascada de euforia y de aplausos que los escritores y los críticos, mis colegas, dedicaron durante décadas a la salud de esa criatura, la periodista que en mil novecientos ochenta y cuatro me reveló su plan de escribir una novela policiaca en décimas. «Nadar a favor de la corriente es la forma más segura de ahogarse», digo, pero el gerente no me entiende y tampoco sabe qué hacer con mi resumé.

_________________ **Perdidos**

Llevan más de diez minutos dando vueltas por el vecindario.

—No me explico –dice Ella contrariada–. Mira el mapa que enviaron de la agencia –y extiende el brazo para que Él pueda ver la pantalla del teléfono móvil–. Tiene que ser en esta cuadra o en la siguiente…

—Pues el número no aparece y tampoco contestan al teléfono. Ya hemos pasado tres veces por aquí. Chequea bien por la derecha que yo estaré pendiente de la izquierda.

Él conduce despacio, escudriñando la sucesión de casas de una sola planta, todas con su pequeño jardín delante y una fachada plana, sin portal; en algunas, muy pocas, un vehículo ocupa el parqueo al aire libre.

—Tengo que recoger a Hiram en el taller a las cuatro. Me prestó el carro con esa condición –dice, más para sí mismo que para la mujer.

Siguen avanzando. Es tanta y tan empecinada la luz, que parece arrasar la calle con un resplandor blanquecino, molesto. Sobre ellos, el cielo azulísimo, desprovisto de nubes.

—No parece un barrio de gente que contrata mujeres para hacer la limpieza, ¿qué crees? –Ella lo mira conducir un segundo. Espera su respuesta.

—No dejes de chequear los números –responde el hombre concentrado en la fila de casas a la izquierda, como si sintiera en su nuca la mirada de la mujer.

—Eso aparte de que no sé si les gustaré. A lo mejor no les parezco la mujer adecuada para ocuparse de limpiar… ya no soy tan joven.

—No pareces una mujer de limpieza, pareces una historiadora del arte porque eres una historiadora del arte –Él voltea a mirarla. Fijo a la cara–. ¿No quieres hacerlo?

—Claro que quiero –sostiene Ella el reto en los ojos de Él–. De alguna forma tenemos que empezar.

—Pues vamos a preguntar aquí mismo.

Detiene el automóvil frente a una casita que no exhibe cartel de *Beware of dog* en la cerca. Antes de abrir la reja, ambos examinan el entorno, comprueban instintivamente si están siendo vistos por alguien, casi como si planearan hacer algo ilegal. No hay un alma, en todo lo que la mirada abarca no se ve a nadie. Avanzan por un caminito de losetas amarillas, hacia la casa; Ella, calibrando el estado del jardín a ambos lados; Él, incómodo, deplorando el calor fuera del aire acondicionado. Como es el primero en llegar, pulsa el timbre que está junto a la puerta color chocolate.

—¿Habrá sonado? No se oyó nada –dice Ella cinco segundos después.

Y Él vuelve a pulsar el botón junto a la sólida puerta, que en ese preciso momento abre hacia afuera y los obliga a recular dos pasos. Quedan enfrentados a una mujer de rostro también sólido. Una mujer mayor con el pelo pintado de caoba y expresión difusamente perruna.

—*How can I help you?* –pregunta con el aplomo de quien tiene bien asumida la implícita fiereza de su expresión, la superioridad que le concede estar de pie sobre el escalón de la entrada.

—Buenas tardes, señora. Mire, usted nos va a perdonar pero…

La mujer mayor da un repentino salto hacia atrás; un salto ágil que no concuerda con su edad y menos con su peso aparente. Él se asusta, retrocede también un paso. Ella queda petrificada, con la boca ligeramente abierta.

—¡Ofelia, Ofelia! –grita la mujer hacia el interior de la casa, alborotando. Feliz. Tan emocionada que el hombre desiste de dar la espalda y arrastrar a su esposa lo más rápido posible hacia el carro. Definitivamente, la vieja escandalosa no parece tentada a llamar al 911.

—¡Ofelia, corre! –sigue reclamando la mujer mayor, que mira alternativamente hacia el interior y hacia ellos, quienes a su vez se miran entre sí, un poco azorados todavía.

Por fin aparece en la sala una mujer alta y delgada, de unos cuarenta años o poco más, seguida por una niña. Tiene –la mujer, no la niña– dos rolos puestos en el pelo, uno a cada lado de la cabeza, que acentúan su apariencia de saltamontes. La niña se queda un poco atrás, tímida, a punto de meterse un dedo en la boca.

—Mira quiénes están aquí –la mujer mayor hala por un brazo a la nombrada Ofelia, que observa a la pareja como dudando, queriendo recordar. Pero la anciana está demasiado exaltada, no puede esperar tanto tiempo–. ¡Los que fueron el miércoles a *Caso Cerrado*! La pareja que demandó a su hijo en la televisión por robo y abuso… ¿No te acuerdas que lloramos como un par de cretinas?

Y el rostro de Ofelia se ilumina, los rolos bailan sobre su cabeza al impacto de la emoción.

—¡Síííííí, qué cosa! –aúlla más que dice–. Ven, Martina, míralos –y carga a la niña.

La escena pierde movimiento, se espesa, o al menos así lo siente Él mientras naufraga en los azules del enorme cuadro que lo enfrenta desde el fondo del recibidor, en las penumbras interiores de la casa. Es más, cree percibir un lejano parecido entre los dos cisnes navegantes en el cuadro y las mujeres que los contemplan muy juntas, como si estuvieran ante algo único, irrepetible, un fenómeno que nunca soñaron ver. Por fin la mujer mayor mueve la cabeza de pelo caoba y rompe el encanto. Las cosas recobran su velocidad normal.

—Hicieron muy bien, hay hijos que no merecen haber nacido –afirma y da dos pasos hacia ellos, se aproxima gozosa–. No saben cuánto me alegré cuando la doctora Polo les concedió su demanda. Pero entren… dígannos en qué podemos servirles. ¿No quieren un café? Vengan y así nos cuentan cómo ha sido todo después del juicio…

—No, mire, lo que ocurre… –tartamudea Él.

—¿Cómo nos reconocieron? –interrumpe Ella.

Con la niña en brazos, Ofelia sonríe:

—Ay, mija, a mi madre no se le despinta una cara, y menos si la ve en *Caso Cerrado* o en una novela. Fíjese que ella conoce a todos los actores y actrices del canal cincuenta y uno con sus nombres completos, su día de cumpleaños, si están casados o se divorciaron, cuántos hijos tienen...

—Nada, fue muy fácil porque los vi antier como quien dice y el caso me impresionó cantidad. Si soy yo, hubiera matado a ese muchacho –se adelanta aún más, aproxima el dedo índice de su mano derecha hacia el rostro de Él–. Además, usted tiene esto de aquí tan lindo –y señala hacia el trillo que baja desde la nariz hasta el labio superior del hombre– …dicho sea, claro, con permiso de la señora… Pero vengan, entren y así hablamos con calma.

—Es que estamos apurados –dice Ella. Parece que nos hemos perdido y tocamos para preguntar…

—Pues mire qué casualidades tiene la vida –la mujer mayor se repliega sin dar la espalda. Regresa al lado de la más joven y con la niña en brazos.

—Sí –interrumpe Él–, nos dijeron que por aquí había un museo pero llevamos veinte minutos dando vueltas y no lo encontramos.

—Ay no, qué va –responde Ofelia–. Los museos están por los lados del *downtown*. Aquí solo van a encontrar residencias. Y más para el Norte, pero bien allá, fábricas y almacenes... nada de museos.

Nuevamente dentro del vehículo, Él enciende el motor y pone el aire acondicionado a toda marcha. En el asiento del pasajero, Ella levanta su mano derecha y la mueve para las mujeres y la niña que los observan desde la acera, al otro lado del cristal.

—Creo que nos equivocamos de lugar –dice Ella mientras el vehículo comienza su avance.

—Sí, estamos perdidos –responde Él.

Afuera, la calle sigue desierta. Solo la sucesión de casitas de una sola planta, con el jardín delante y sin portal. Un paisaje parejo y continuo bajo el cielo azulísimo, carente de nubes. Como si un dios se hubiera entretenido aplanándolo a martillazos.

__________________ **Cenizas**

Ese día alguien hizo notar la ceniza saliendo del vehículo y fueron muchos los alarmados. No faltó quien llamara de inmediato a los bomberos, que llegaron con sus sirenas y sus voluminosos trajes, revisaron minuciosamente, y no encontraron algo extraño… aparte de la ceniza que seguía elevándose al cielo desde aquel vehículo con los cristales cerrados a cal y canto. Los medios formaron revuelo en las próximas semanas. Los científicos terminaron hablando de sugestión social. Cierta iglesia se volcó a las calles para recordar a los pecadores el tema de las llamas infernales. Y los juerguistas se inventaron chistes soeces que no sería de buen gusto repetir aquí. Así pasó el tiempo. Hoy casi nadie recuerda cuál era la marca del vehículo, ni el nombre del dueño, ni por qué estacionó ese día exactamente allí. Es un vehículo inmóvil al que las autoridades dan brillo cada seis meses, del que los habitantes dicen estar orgullosos y que recibe la visita de cuanto turista cruza por el pueblo. Un vehículo que expele cenizas, solo eso.

__________ **Tren de aterrizaje**

…créeme, amor, era el ruiseñor…

W. S.

Tuve conciencia de que los vuelos habían comenzado a prolongarse hacia el sueño al despertar de la madrugada en que me encontré por primera vez con Alba. Fue en el aeropuerto de Santiago de Cuba. Ella estaba en la sala de espera, sentada en un banco forrado de plástico verde, la espalda recostada contra la pared y mirando fijamente a través del cristal, hacia la pista. Tenía el pelo castaño recogido en una larga cola y sobre la oreja izquierda una flor de Mar Pacífico. Una mujer con una flor en el pelo es algo poco frecuente en un aeropuerto hoy, o al menos eso sentí al verla.

—¿La conozco? –le pregunté con una seguridad que ya me gustaría tener cuando estoy despierto.

Sonrió. Parecía llevar la vida entera esperando que le hicieran esa pregunta, así de inmediata y natural fue su respuesta:

—Claro, Pablo, coincidimos un curso en el preuniversitario Cuqui Bosch. Cuando entré a décimo, tú empezabas doce, pero estoy segura de que nunca me viste. Si no estabas leyendo en un banco del patio, caminabas por un pasillo mirando hacia el piso.

Y sonrió otra vez, puede que de la misma forma apacible que yo recordé al despertar. Y puede también que aquella paz de su mirada protegiera contra el susto al tipo cauteloso que soy durante el día. Porque no había dudas, mis vuelos nocturnos habían alterado algo importante en la frontera entre la vigilia y el sueño, una pieza que intuía clave aunque no alcanzaba –no alcanzo– a reconocerla. Y para mi sorpresa, ese cambio me seguía gustando después de haber llegado a la oficina, mientras intentaba concentrarme en la corrección de un debate acerca de los propóleos que las abejas extraen del álamo y su posible uso en los tratamientos contra el cáncer.

Comencé a encontrarme con Alba todas las madrugadas, en la misma medida que mis vuelos hicieron de Santiago de Cuba su único destino; esta vez porque debía buscar una misteriosa cepa de plátano y trasladarla a Barbados, aquella otra para recoger a los nietos de un empresario mexicano cuya identidad no podía ser revelada bajo ningún concepto… así, siempre para cumplir una misión de primerísima y secreta importancia. Luego ya no hizo falta, la única misión era encontrarme con Alba.

—¿Estás casada? –le pregunté en uno de esos viajes.

—Sí, y tengo un hijo adolescente –respondió como si se refiriera al desayuno que debería preparar unas horas más tarde, apenas rompiera el amanecer.

Aunque era solo un par de años menor que yo, se veía mucho más joven, quizás por la forma lánguida con que vivía su delgadez, o porque había algo de niña empeñosa en sus ojos color caramelo, o por la flor de Mar Pacífico que nunca faltaba sobre su oreja izquierda. Unas veces era roja, otras amarilla. De cualquier forma, una flor demasiado grande para la brevedad de su cabeza.

—¿Por qué vienes todas las madrugadas? –me atreví en otro viaje.

Se examinó las manos, pequeñas y de uñas muy recortadas, obra sin duda de sus dientes, también pequeños. Dedos de niña caprichosa, recuerdo que pensé.

—Es una historia aburrida, así que te la resumo: soy una prófuga de la rutina.

Me mantuve en silencio para hacerle saber que no me conformaría con una explicación tan escueta. Continuó sin dejar de observarse las manos:

—Una noche, después de acostarme, empecé a imaginar que el Registro Civil me mandaba a trabajar en el extranjero y yo me ponía como una loca en el trajín de conseguir los papeles para el permiso de salida, preparar la maleta, calcular cuánta ropa de invierno necesitaría llevar, escribir instrucciones a mi marido y mi hijo para que sobrevivieran durante mi ausencia, gozar las caras envidiosas de los vecinos que me veían subir al taxi y movían las manos diciendo adiós… Así vine por primera vez y me senté a ver los aviones que despegan y aterrizan. Nunca he intentado embarcarme, no hace falta. Basta con suponer que cada avión es un millón de historias ocurriendo al otro lado del cristal… ¿Y tú?

Mi caso era un poco más complicado.

—Me hice piloto huyéndole al insomnio… No te rías, hablo en serio. Cada madrugada pasaba horas y más horas despierto, pensando en mil asuntos mayormente inocuos durante el día, pero que de noche regresaban con otra carga de intimidación. No te imaginas la cantidad de medicinas que tomé y nada, lo que se dice nada de nada.

Alba continuaba sonriendo. La miré muy fijo:

—No te pongas bravo. Me dan gracia algunas palabras que usas, estoy segura de que ya hablabas así cuando ibas al pre. Pero sigue, ¿y qué pasó entonces?

—Pues un día me dieron en la oficina un manual de gestión de vuelo para corregir. Era una tarea como cualquier otra y la hice con la misma indiferencia que si hubiera tenido delante un tratado sobre las mareas o una evaluación taxonómica de las babosas. Pero en una madrugada de aquellas, ya atrapado por el insomnio y entregado al angustioso repaso de premoniciones y supuestas amenazas, las palabras leídas en el manual comenzaron a regresar suavecito, como si yo hubiera puesto mi mayor empeño en memorizarlas. Coordinador de giro… horizonte artificial… alabeo… velocidad crucero… alerones… Cuando mi esposa me despertó, alarmada porque el celular había sonado hacía no sé cuánto tiempo y yo seguía en la cama, ni pensé en que llegaría tarde al trabajo. Estaba estupefacto, había dormido la madrugada entera.

Guardé silencio, a la espera de que afuera terminara el aterrizaje de un avión inmenso, presumiblemente un Airbus.

—Alentado por esa experiencia, decidí ajustar mi gestión de vuelo. Vi cuantos videos sobre pilotaje aparecieron en YouTube y me di cuenta de que manejar un avión no es tan difícil como uno piensa, así que una madrugada, en cuanto tuve conciencia de estar desvelado, tomé acción: los correctores del equipo éramos enviados a una misión urgentísima en Bogotá, un viaje de vida o muerte que ni siquiera podíamos informar a nuestros familiares. Partiríamos con el mayor sigilo en un avión privado. Esa noche yo reposaba bocarriba sobre la cama, escuchando la respiración de mi esposa, al tiempo que avanzaba por el pasillo del avión observado desde ambas filas de asientos por mis compañeros de trabajo, que atestiguaron cómo entré a la cabina, ocupé el sitio del piloto, encendí las turbinas y conduje hasta la cabecera de la pista con la pericia de quien ejecuta las acciones más rutinarias del mundo. Y bueno, levanté vuelo. No demoré en dormir el más profundo de los sueños; esa, y todas las noches hasta hoy… sin una excepción.

—Con razón desde que lo vi supe que tu avión era distinto… no me preguntes por qué.

—¿Por qué?

Ella frotó con las yemas de los índices la cutícula enrojecida de ambos dedos pulgares. Ignoró mi pregunta:

—Imagínate que hubieras levantado una vez la vista de los libros que siempre leías, una sola vez en todo el año que asistimos al mismo preuniversitario, y me hubieras visto. ¿Qué habría ocurrido?

No era una pregunta difícil. Conociendo como conozco al que soy durante el día, probablemente nada distinto habría ocurrido. Y aunque sé que en el tiempo cumplido los *quizás* carecen de propósito, quizás fue lo mejor que nos pudo pasar, la única oportunidad de no malograr esas madrugadas que tantos años después estábamos viviendo. Así pensé entonces y no respondí. Creo que tampoco ella esperaba respuesta porque cambió de tema:

—Aquí la pasamos bien, pero deberíamos de salir… ¿no te gustaría ver otra vez la ciudad?

Fue la mejor decisión que pudimos tomar. Empezamos a visitar sitios muy conocidos pero también muy diferentes a como yo los recordaba. Tenían otra presencia, a veces estaban poseídos por una condición imposible —es difícil concebir nieve en Santiago de Cuba, ¿o no?—, llenos de una luz rara, o atravesados por un compacto olor a abedul; digo, no exactamente al árbol, cuyo olor soy incapaz de reconocer, sino a la frase *huele como un abedul…* Una cosa era segura: mientras menos lo sugerían las apariencias, más eran aquellos mismos lugares de mi vida, y Alba rememoraba con tal placidez lo que en cada uno me había ocurrido, que los sucesos regresaban ausentes de inquietud o temor, siempre portadores de algún detalle que hasta ese instante se había resistido a ser descubierto.

Ella decía, por ejemplo, «San Francisco y Corona, aquí tuviste el accidente de bicicleta a los doce años», y lo que yo veía cruzar delante de mí eran dos avenidas enormes y tan repletas de vehículos como el Palmetto en horario pico, por una de las cuales avanzaba en mi bicicleta recuperando en la voz de Alba el recuerdo que debió escurrirse de mi memoria durante los ocho días que estuve inconsciente y más muerto que vivo en la ONDI. Y lo confieso, fue una liviana felicidad descubrir que no había sido embestido por un conductor borracho, como luego dijeron los testigos y la policía, sino que fui yo quien lanzó la bicicleta hacia la intersección para no atropellar a un niño que bajó de la acera corriendo detrás de un perro.

Las palabras de Alba eran siempre así, revelaban brillos allí donde solo habíamos tenido hasta ese momento detalles anodinos y una indiferencia tan morosa como persistente...

Y lo mejor era que nunca planificábamos los recorridos, las cosas sucedían de la forma más espontánea y suelta que imaginarse pueda. Una madrugada íbamos a la Editorial Oriente, donde Alba hacía ocurrir otra vez la reunión de compromiso para pelear en la guerra de Angola, y al mismo tiempo mirábamos a través de la cerca perimetral hacia el círculo infantil Ana de Quezada. Y nada, el par de trompones que mi madre me dio aquella tarde a la salida del círculo por no defenderme cuando los otros niños me golpeaban sonaron en la voz de Alba como una prueba del coraje que nunca he creído tener al emparejarse con mi silencio en el salón de reuniones de la Editorial Oriente, mientras el secretario del Partido, rojo como un tomate, me gritaba: «¡Qué pacifista ni la cabeza de un guanajo! ¡Los patriotas están siempre listos para combatir donde su país los necesite!»

—Tu mamá no podía saber la forma en que habías protegido de los otros niños, con tu empeño y tu dolor, la pequeña pelota que aún llevabas empuñada en la mano derecha mientras salían del círculo infantil.

Así dijo Alba, y la sosegada cadencia de su voz volvió ridículas las expresiones burlonas de mis compañeros en la Editorial Oriente, que de pronto comenzaron a agitar carteles alentando a los Miami Heat, como si estuvieran en la American Airlines Arena y no en aquel viejo edificio de la calle Enramadas.

Repensándolo todo ahora, es difícil no intentar alguna interpretación de esos recorridos por mi pasado. Por ejemplo, que la mansa tozudez de Bartleby puede llegar a resultar más admirable que el ciego valor de Aquiles. Pero entonces yo no tenía el más mínimo interés en interpretar nada ni en sacar conclusiones, solo esperaba con ilusión el momento en que las historias evocadas por Alba coincidieran con el presente de los sueños. Y eso ocurrió la noche en que nos detuvimos ante la oscura boca de una cueva. Alba dijo:

—Este es el pasillo al fondo del antiguo Consulado de los Estados Unidos. Aquí hiciste el amor por primera vez en tu vida.

Tuvimos sexo allí de pie, sin los temores ni las premuras que en la ocasión anterior me habían hecho sentir frustrado, en parte por la impresión que me causaba aquel edificio abandonado, completamente oscuro, pero sobre todo por la vergüenza de ser virgen a los veinticuatro años y que mi pareja fuera a darse cuenta. Esta vez recosté la espalda a la pared y Alba quedó a caballo encima de mis piernas, propiciando una penetración ajustada y profunda, una eyaculación que me hizo despertar bruscamente. Moraima brincó en la cama preguntando qué pasaba.

—Nada, todo está bien, fue solo una pesadilla –respondí mientras buscaba ocultar la fría incomodidad que me encharcaba. Hacía más de veinte años que no experimentaba una eyaculación involuntaria.

Por excepción, Alba me esperaba la madrugada siguiente de pie en la sala de desembarque del aeropuerto, junto a un pequeño puesto de vender música e instrumentos, y no sentada en su habitual banco verde de la sala de espera. Solo dijo:

—Ven, que te quiero enseñar algo.

Y bajamos por la calle Heredia, que esa vez era un paisaje despejado, de casitas ocres, bajas y distanciadas de la calle. El hotel Casa Granda se veía muchísimo más estrecho que como yo lo conocí por tantos años y no estaba frente al parque Céspedes. Tenía delante un mar parecido al de la bahía de Manzanillo, quieto y pálido. Alba me dijo:

—Esto no ha ocurrido todavía, mira.

Yo dormía dentro de cada habitación que ella me iba mostrando en el hotel. Aquí era un viejo como de noventa años y con una larguísima barba blanca; en la siguiente, un niño de brazos; más allá, una mujer con el pelo revuelto, negrísimo y desmesuradamente copioso; en otra, un prieto súper flaco y de mandíbula prominente… Y aunque en cada caso mi apariencia variaba, se sabía que era yo por la placidez con que dormía. Menos en la última habitación del segundo piso, que estaba vacía. Parados en aquel umbral, Alba confesó:

—Aquí tuve a mi primer hombre. Acababa de cumplir los quince.

Esa vez hicimos el amor en una cama de velos enormes que caían desde el techo hasta el piso, todo alrededor nuestro. Volví a despertar empapado, pero Moraima no refunfuñó y yo tampoco tuve deseos de ir a lavarme al baño.

Me quedé bocarriba en la cama, todo pegajoso. Cuando volví a dormirme, no había velos por ninguna parte y Alba estaba sentada en una hamaca, todavía desnuda, con las piernas recogidas en un abrazo. Distinguí unos puntos luminosos en sus ojos color caramelo:

—¿Quieres que juguemos a la casita? –preguntó, y continuó como si no fuera necesaria alguna fórmula de transición entre ambas propuestas–. Deberíamos de quedarnos a vivir en los sueños.

—¿Y cómo se logra eso? –pregunté.

Ella sonrió apaciblemente, como siempre.

Tengo un amigo ecuatoriano que trabaja en la Farmacia Latina. Es un tipo tan quieto como su apellido, Lago, y tan noble como su nombre, Ángel. Lo llamé a media mañana del día siguiente y le dije que estaba preocupado porque un animal raro rondaba de noche por el patio de mi casa. Un bicho grande. Al levantarnos, le expliqué, siempre encontrábamos huellas de algo voluminoso que se había arrastrado sobre la grama.

—Supongo que oíste la noticia de la pitón que mató a unos niños en Hialeah –y Lago la había oído, claro, él es un hombre previsor, siempre atento a los riesgos–. Necesito un veneno para ponerlo antes de acostarnos. Estamos muy asustados.

—Te entiendo –respondió él–. Si hay cosa a la que le tenga respeto es a los reptiles. Fíjate que por culpa de uno nos perdimos el paraíso –y rio su intento de chiste–. Deja ver qué puedo conseguirte, Pablito.

—Agradecido, hermano, pero escucha un detalle. Necesito un veneno de acción lenta, que no sea demasiado fulminante. El barrio está lleno de mascotas y quisiera tener tiempo para evitar una desgracia si ocurre algún accidente. ¿Me entiendes?

—Descuida, llámame cuando salgas del trabajo.

Nunca lo llamé. Tampoco he vuelto a pilotar un avión, de modo que el insomnio me tortura otra vez sin piedad, noche por noche, y al día siguiente el trabajo en la oficina es un espanto: las erratas juegan a esconderse detrás de las líneas y las faltas ortográficas se disfrazan para burlar mi sopor. Escurridizas que son esas malditas, tanto o más que el sueño.

Al principio intenté otros ejercicios, quise armar una historia distinta. Por ejemplo, que tengo la misión de rescatar una joya invaluable y perdida en un naufragio. Entonces desciendo a puro pulmón en un lugar tan profundo que nadie medianamente cuerdo intentaría alcanzar el fondo; salvo yo, que me hundo en aquel abismo de agua y soledad, rodeado por un silencio sólido, que debería constituir la mejor trampa para atrapar el sueño… El problema es que no hay modo creíble de hacer que alguien pueda estarme viendo mientras los tiburones pasan a mi lado y los oídos me suenan a punto de reventar por la presión. Y sin ojos ajenos que atestigüen el atrevimiento, sin asombro desde el cual pueda ser visto mi arrojo, el sueño se niega a venir. Ya casi me voy resignando a ser dos personas al mismo tiempo, una de pocas palabras, apacible y concentrada durante el día; y otra inquieta, tensa, adicta a las discusiones consigo mismo en la madrugada.

Habría una última opción, claro. Podría volar a otros lugares que no fueran Santiago de Cuba… Pero, ¿y si un día Alba decide no conformarse con ver los aviones y se embarca? ¿Y si me tropiezo con ella en algún aeropuerto de los muchos que en este mundo hay? No me imagino lo que sería mirarle a los ojos, nunca encontraría las palabras para explicar mi ausencia después de todo lo que ella hizo por mí, mucho más si, como me temo, Alba tuvo el coraje de tomarse su veneno y partir hacia el aeropuerto por última vez… Lo dicho, no hay nada que pueda hacer. Al tipo que soy estando despierto no le cuadra el papel de Romeo.

_____________________ **Sí mismo**

Hacía morosos clics aquí y allá, vagando sin mucho interés entre las publicaciones que iban apareciendo en la pantalla, y solo a veces, como en chispazos caprichosos, permitía que el instinto para identificar candidatos a quienes pedir amistad arrastrara su atención. Nada especial, simple olfato de cazador.

La entrada casi simultánea de tres comentarios remeció su abulia. Pocos sonidos consideraba tan eficaces como aquellas notificaciones de feisbu, dos breves notas de firme exigencia –*igual que yo, empecinadas*–, casi diría que triunfales. Los comentarios traían más o menos las naderías de siempre. El primero nunca había oído hablar antes de los indígenas yanomami; el segundo hacía una comparación absurda entre las casas colectivas de estos y las sociedades comunistas modernas; el tercero era de Ceica, una de sus más constantes seguidoras, quien consideraba esa última publicación como la mejor de la serie sobre las viviendas de los pueblos originarios de América. *Se ve que usted es un viajero incansable. ¿Por qué no se decide y abre un blog?*, preguntaba Ceica. Él dejó un momento la mirada sobre las líneas del comentario. Pensaba en una respuesta al mismo tiempo inteligente y evasiva cuando sonó el celular.

—Dime, Samantha –contestó.

—Pa, *please*, llégate a la cocina y chequea si quedó alguna hornilla encendida…

—Ninguna hornilla está encendida.

—¿*Sure*, Pa? Acuérdate de la vez…

—Hace un rato fui a servirme café y todo estaba apagado.

—Qué alivio, Pa. Los muchachos *make me crazy* con su revolico a la hora de salir para el colegio…

—No hay problemas. Cierra, que estoy ocupado. *Bye.*

Una solicitud de amistad lo esperaba en la pantalla. Cliqueó de inmediato sobre el circulito encarnado y su nombre apareció junto a una foto demasiado pequeña para que pudiera distinguir detalles. El nombre, sin embargo, se leía en rotundas letras azules, a buen tamaño. No el apócrifo que usaba para escribir sobre los hábitos constructivos de los grupos humanos, sino las veintidós letras que la casualidad y el capricho de sus mayores habían ordenado para él sesenta y dos años atrás; el santo y seña que, aparecido en la pantalla por alguna razón ajena a su voluntad, reconoció instantáneamente como su más constante pertenencia. Según informaba la notificación, su nombre real y su nombre apócrifo no tenían un solo amigo común en feisbu.

El cursor tembló mínimamente al hacer clic encima de su propio —y ahora también enigmático— nombre. Como respondiendo a un mecanismo de causa y efecto, en ese instante el celular volvió a sonar. Lo levantó sin dejar de observar la pantalla del ordenador.

—¿Sí?

—Suegrito, ¿no han llamado los de Wells Fargo preguntando por mí?

—¿Ahora por la mañana? No.

—Si llaman, les dice que desde hace una tonga de meses no vivo ahí. Que me separé de su hija y fui echando a finales del año pasado, así que usted no tiene ni idea de dónde estoy.

—Anjá…

—Oiga, no se me arratone con amenazas de acciones legales y esas cosas… Usted ni sabe ni quiere saber de mí, *all right?*

De haber sido otro el momento, seguramente se le habría ocurrido un buen comentario sobre no querer saber de él. Pero era este momento y se limitó a contestar:

—Copiado. Ahora te dejo que estoy viendo algo aquí —y cerró.

Lo que veía era una página de perfil como cualquier otra de feisbu, en la que él posaba vestido de piloto junto a una avioneta de vivo color azul, mientras en el ángulo inferior izquierdo su rostro —ese que lo enfrentaría ahora mismo si se asomara a un espejo— lo observaba con expresión satisfecha, suficiente. A lo alto y ancho de la pantalla todo se percibía en su lugar; tanto, que por un instante creyó sentir el olor a aceite y gasolina que debió de estar respirando el otro él en el momento de la fotografía. Bajó con la ruedita situada sobre el *mouse*. Lentamente. Esculcando los detalles de la biografía. Nacido en Holguín… graduado de ingeniero civil en la CUJAE… *Construction Manager* en Lennar Company… residente en… los datos eran exactos, salvo que después del accidente él había venido a refugiarse en Miami, mientras aquel otro decía vivir en Raleigh y posaba de pie en una foto sin dudas reciente. Era su nombre, su apariencia, parte de su historia —*tiene que haber un truco en esto, ¿a qué cabrón se le habrá ocurrido la broma?*—, pero apenas dos semanas atrás aquel hombre exacto a él atravesaba túneles de imponentes olas sobre una tabla de *surf* y fumaba en una playa jamaicana junto a varios negros con trenzas. Algo estaba jodido allí, algo en todo aquello hacía malignos esfuerzos para confundirlo…

Su desconcierto no paró de crecer a medida que se descolgaba por aquel muro. Algo más de dos mil personas seguían al él que no era él, decenas de ellas comentaban entusiasmadas las imágenes de su participación en la maratón de Berlín o sus explicaciones sobre el entrenamiento que debía realizar un equipo antes de lanzarse a ascender el Everest o… y de nuevo timbró el celular. Era el primo Armesto. Ni siquiera hizo el intento de acercar su mano al aparato, que siguió rabiando hasta sucumbir en un breve ruido de cristales quebrados. Lo menos que necesitaba en ese momento era el parloteo esclerótico e interminable del primo Armesto, oírle repetir seis o siete veces que el único error imperdonable de cualquier hombre era no saber morirse a tiempo.

Siguió examinando publicaciones que a veces sobrepasaban los doscientos *me gusta* y los sesenta comentarios, negado a reconocer que aquella quisquillosa minuciosidad en la exposición sobre los mejores ríos de México para practicar *rafting* le resultaba cercana, personal, tan reconocible como la sonrisa de su idéntico sentado tras el timón de un vehículo completamente cubierto de polvo, rodeado por otros hombres igual de sucios y sonrientes. Era una sonrisa de hacía siete meses y formaba parte de un álbum con más de veinte imágenes donde el amarillo crudo del desierto, la polvareda, los vehículos de diversas formas y aquellas personas poseídas por un entusiasmo incomprensible terminaron causándole la repulsión de un abrazo no deseado. *Domando el rally de Dakar* se titulaba el álbum de fotos.

Dejó de rodar la pequeña esfera situada sobre el *mouse* en el día de hoy pero un año atrás, cuando en la foto el otro levantaba una latica verde junto al negro Pachango y Vicente el Canguro, sentados los tres en un banco del parque San José. *En la patria, con los socios,* declaraba el pie de foto, y no pudo evitar un escalofrío ante la delgadez del negro y la expresión ajada del Canguro *—parece que les pasó un tren por encima, coño—,* ante lo distante que le resultaba aquel lugar al que nunca quiso regresar y que ahora, sin embargo, tampoco lograba sentir como una pérdida.

Pasó la mirada sobre dos o tres fotos más de ese álbum, observó con escasa intensidad aquellos edificios y calles que habían acogido su juventud y que ahora, ajenos y envejecidos, le hacían evocar la atmósfera de los museos. Se apartó de la mesa y desplazó la silla de ruedas hacia el fondo de la casa. Recogió de paso la media que uno de sus nietos había dejado sobre la mesa del comedor y la guardó en el bolsillo izquierdo del pijama. Más allá de la ventana, una ardilla encaramada sobre la cerca de tablas lo vio cruzar por la cocina. En el patio hacía calor, aunque el sol ni siquiera lograba atravesar las ramas de los mangos, que él examinó con la apatía de lo muy conocido.

En ese trance estaba cuando descubrió el enorme avión descendiendo a lo lejos y supuso un ruido tan atronador como imposible de ser escuchado a aquella distancia. Al mismo tiempo que sintió llegar desde el interior de la casa el sonido de una notificación en feisbu, creyó percibir un instantáneo guiño que le enviaba el sol al golpear contra el remoto fuselaje *—ya vi un resplandor como ese antes, ¿pero cuándo?—*, y tuvo la certidumbre de que recuperar el significado de aquel guiño podía ser decisivo. Se frotó los ojos y volvió a levantarlos, buscando. El avión había desaparecido y el sol solo se dejaba suponer a través del calor.

De regreso al interior de la casa, bajó la temperatura en el aire acondicionado. Después, gastó un lento tiempo frente al ordenador, con la mirada fija sobre la pantalla ennegrecida. Al mover la cabeza, percibió un fugaz resplandor corriendo sobre la negrura de la pantalla *—¿ese brillo soy yo?—*, y empezó a mover la cabeza hacia ambos lados, persiguiendo aquel resplandor que se mostraba y desaparecía, buscando fijarlo el tiempo suficiente como para permitirse identificar la nariz roma, el ancho trazo de sus cejas, la chiva breve y bien recortada, la intensidad de unos ojos chisporroteando brillo contra brillo.

Empezaba a ver cocuyitos cuando extendió el brazo derecho, tocó el *mouse* y la pantalla se iluminó. Saltó de aquel muro a un tiempo próximo y distante hasta su publicación sobre las casas de los indígenas yanomami y leyó el comentario recién llegado, que aplaudía entusiasmado la propuesta de Ceica: debía de hacer un blog. Entonces tecleó: *Tiene usted razón, estimada Ceica, viajar ha sido siempre la pasión de mi vida. Precisamente estoy acopiando fotos y escribiendo los primeros textos para abrir un blog de viajero. ¿Sabía usted que hace siete meses participé en el rally de Dakar?*

______ **Declaración de independencia**

> *Porque escribir es a veces eso,*
> *observar y apropiarse de la basura ajena.*
>
> Maurice Sparks (¿o Ernesto G.?)

—¡Por favor, no vuelva a decir que es increíble! —protesta con el celular apretado contra el oído izquierdo y viene a recostarse de mí.

Conozco cada reacción suya, cada impulso que sus decisiones —igual las muy meditadas como las más irreflexivas— ponen a circular por ese cuerpo menudo y casi siempre en tensión. Hace mucho aprendí a leer lo que siente a través de sus contactos y puedo asegurar que ahora mismo está al borde del colapso. Mientras escucha, saca con la mano derecha uno de los libros alineados en el quinto estante, contando de abajo hacia arriba, y lo muñequea bruscamente, como si necesitara comprobar que no hay algo peligroso escondido entre las páginas. Son las *Ficciones* de Borges, lo confirmo cuando tira sobre la mesa de trabajo el volumen encuadernado en rústica y formato seis por nueve para despegarse de mí reclamando al pequeño transmisor:

—Siete años sin escribir, siete años de espantosa sequía, y ahora que por fin regresa el impulso, ocurre esto… ¡dígame si no es cruel!

Y comienza a pasearse frente a mí, de pared a pared, ida y vuelta desde la puerta que conduce a su dormitorio hasta la ventana que da a la calle, a una ciudad que él no se ha cansado de maldecir —páramo, desierto, estercolero de engreídos, nido de superficiales con dinero, eso y más la ha llamado– durante los últimos siete años.

—Nada de eso importa ahora –tira un golpe al aire con el brazo libre–. Lo que escribo aparece luego cambiado y no sé por quién, dígame qué parte de esa desgracia no entiende y se la explico otra vez.

Detiene su ir y venir. Se congela con los cinco dedos de la mano derecha unidos y muy cerca del rostro, mientras respira angustiado la voz que ha de estar vibrando en las entrañas del aparato y los huecos en sus mejillas se ahondan todavía más.

—¡No quiero calmarme! –explota al fin–. Ayúdeme a encontrar una explicación, que para eso usted es el autor y se inventó esta historia del escritor emigrado y la ciudad hostil, ¿cómo va a venirme ahora con que no puede controlar un conflicto que usted mismo imaginó?

Camina hacia la mesa de trabajo, toma una hoja de papel que ha estado todo este tiempo sobre el monitor de la computadora:

—La otra noche escribí –y lee–: «De cierto modo, adoro los caminos inciertos», y cuando me levanté a la mañana siguiente decía «De cierto camino, adoro los modos inciertos», ¿ve? ¿Considera que algo así es aceptable?... Qué va, olvide el mambo y cante bolero, no hay posibilidad de error. Otra cosa no tendré, pero buena memoria me sobra... Mire, ayer mismo escribí –y vuelve a leer–: «Ahora encuentro mis historias por doquier, a menudo en la basura ajena», ¿y quiere saber cómo apareció esta mañana? Pues «Encuentro ahora la basura ajena por doquier, a menudo en mis historias».

Se sienta sobre la mesa de trabajo, de espaldas hacia donde estoy, lo que me ahorra la expresión de desamparo que hace lucir más salientes aún los huesos de sus pómulos.

—¡Vaya! —exclama, y se da un golpe en el muslo con la mano que todavía empuña el papel—, así que escribir es en sí mismo un acto de traición… ¡qué frase tan bien compuesta, lo felicito! Pero, ¿sabe qué?, no me sirve de nada. Si no es usted, ¿quién cambia lo que escribo? ¿El gato? ¿El librero? Como están las cosas, a lo mejor el librero aspiró un soplo de vida y ni usted ni yo nos hemos enterado. ¿O seré sonámbulo? Eso, ¿andará suelta por ahí una manifestación salvaje de mí mismo que reescribe mientras duermo o estoy en la calle? Porque las palabras no cambian solas de lugar, ¿o sí?

Y bueno, en ese último aspecto discrepo de su razonamiento, incluso podría facilitarle dos o tres libros de entre los que él mismo ha colocado en mis estantes para estimularlo a revisar sus criterios sobre los hábitos de las palabras, o por lo menos a tomar en consideración el carácter revoltoso de algunas… Pero mejor dejamos ese ejercicio para otro momento, no es prudente contradecir a una persona como él cuando está así de alterada.

__________________________ **Sutiles**

El fragmento de rostro estaba tirado en la acera, a la salida del *drive way*, y el personaje se detuvo impresionado por el ausente aire de tristeza que creyó percibir en la mirada de su único ojo. Quizás había sido muy pisoteado, pensó al levantarlo del piso; aunque no, no se veía maltrecho. Solo triste, sosegadamente triste…

Y justo en el momento que el personaje se preguntaba qué hacer ante un hallazgo tan inusual, entra en feisbu una actualización de la Martha, que afirma estar sentada en un banco de Houston, recordando los muchos sábados que esperó el ómnibus junto a Mauricio en ese mismo sitio, cuando se le acerca un tejano de rigor —entiéndase un tipo con sombrero, botas y una enorme hebilla al cinto—, y pregunta si acaso la Martha ha visto *Forrest Gump*. Como ella vio la película hace muchos años, en Tuxtla Gutiérrez, y así lo informa, el tejano dc rigor responde que ella, la Martha sentada apaciblemente en el banco, le recuerda a ese personaje, comentario que no estaría bien ni mal si justo en ese momento el tejano de rigor no sufriera un ataque de agilidad mental —o a lo mejor traía el chiste preparado de antemano—, y sonriera para agregar que, a diferencia de Gump, ella está en Texas, donde no hay mucho espacio para correr. Y he aquí que la Martha no consigna cuál fue su respuesta, pero no sé, algo en su manera de callar me hace intuir su temor de que aquellos buches sonrientes bajo el ala enorme del sombrero pertenezcan a la Migra.

La canalla que comenta la actualización, sin embargo, no parece compartir tal inquietud. Se regocijan en creer que por el momento el tejano de rigor anda más interesado en las piernas de la Martha —que a estas alturas seguramente viste una de esas faldas estrechas tan apropiadas para su cuerpo delgado, atractivo a pesar de los años y el desgaste por el uso–, o al menos en eso coinciden los comentarios de La Lima y el Perseguidor de Ardillas, lo que da pie para que un tal Diminuto indague con evidente malicia si el tejano de rigor no le preguntó por la caja de chocolates que todos recordamos llevaba el Forrest Gump sentado en la parada de su película.

En fin, poco queda de los tiempos en que la soledad del escritor era rigurosamente observada. Empezaba a escribir yo sobre el personaje que levantó de la acera un fragmento de rostro, y se entromete la Martha sentada en su banco de Houston, interrumpe mis pensamientos y de paso me pone ante la evidencia de que no solo yo estoy contando la historia del personaje; también lo hace el viejo ciego que cada día se sienta en su patio de Fontainebleau Boulevard a escuchar el paso de los aviones recién despegados o a punto de aterrizar en el no muy distante aeropuerto.

Es un patio pequeño, la primera mitad enchapada con losas y la mitad del fondo cubierta de césped hasta la cerca que da a un lago melancólico, donde nadie esperaría tropezarse con un cocodrilo, una serpiente, o cualquier otro animal de prestancia semejante. El viejo ciego está próximo a la puerta corrediza de cristal que da entrada a su casa, sentado en una silla plástica con el desarreglo típico de los no videntes, y como él no usa feisbu ni tiene modo de ser interrumpido por la Martha, ha seguido contando cómo el personaje decidió probarse el fragmento de rostro, de modo que ahora desconocemos si lo hizo creyendo satisfacer alguna demanda contenida en la mirada de aquel ojo único o si, por el contrario, solo pensó utilizar su hallazgo para cumplir algún propósito personal y aún oculto, al menos para nosotros. Por suerte la historia no ha avanzado mucho, pues en el momento que el personaje estrenaba su nueva media mirada y el viejo ciego en su patio intenta disfrutar el silbido del Boeing 787 de American en su salida de las diez hacia Caracas, a la esposa –la del viejo ciego, que el personaje no sabemos hasta ahora si tiene esposa– se le ocurre abrir la puerta y exclamar:

—¡Dios santo, pero qué calor hace ahí afuera! Hoy es sábado, mijo, ¿por qué no entras a compartir un ratico con tu familia?

El viejo ciego refunfuña por la interrupción, por la forma en que su esposa grita aunque está a unos pasos de él y porque quiere seguir con la historia del personaje antes de que entre el Embraer 190 de Copa procedente de Panamá, pero he aquí que su esposa cierra la puerta de un tirón, y como resultado de tan bárbaro golpe, esta queda ligeramente abierta, de modo que junto con un chorrito del aire acondicionado, al viejo ciego le llegan intermitentes las palabras con que su hija lamenta la situación de la cubanita que vive en el K-121. El viejo ciego conoce muy bien ese chisme, no necesita escuchar con claridad para saber lo que su hija dice acerca de Carmela y sus cuitas de amor por un dominicano emigrado a Toronto, ni menos que ayer en la tarde unos vecinos corrieron con ella para el Jackson Memorial Hospital después que salió al área recreativa del condominio en ropa interior, huyendo de una voz que según ella la llamaba todo el tiempo, aunque por suerte para el viejo ciego no tiene que escuchar ese final otra vez. Antes, alguien rectifica el cierre de la puerta.

Y mientras, yo aprovecho su distracción, su lento retomar el hilo de la historia que ambos estamos contando, y sostengo que por la estampa resumida y los modales cautelosos del personaje –más la camisa blanca de mangas largas, el pantalón, los zapatos y el cinto negros que viste—, este muy bien podría trabajar como asistente en un bufete de abogados de inmigración. Alguien en trato continuo con la inseguridad y el miedo estaría en inmejorables condiciones para percibir la sutil tristeza de aquel fragmento de rostro y sentirse identificado con la blanda mirada de su ojo. No he terminado de pensar en eso, y ya el viejo ciego está narrando cómo el personaje subió a su vehículo, encendió el motor y marcó un número en el celular:

—Magda, buenos días… Bien, gracias, ¿y tú? Mana, necesito un favor. Iba saliendo para la oficina y me llamaron porque tía Emérita se ha puesto mala otra vez… Sí, esa misma, la pobre... El caso es que a las once quedé en verme allá con una salvadoreña de Fort Lauderdale que tiene un hijo pendiente de deportación. ¿Podrías atenderla, por favor? Pregúntale a Consuelo, dile que te dé el expediente. Te lo agradezco mucho, mana. *Bye.*

A fin de cuentas, el caso era insoluble y los abogados tendrían a la mujer dando vueltas por la oficina mientras consiguiera dinero para pagar, piensa el viejo ciego que pensó el personaje sentado al volante, mientras confirmaba que nada parecía haber cambiado en el paisaje que ahora observaba —en parte al menos— a través del fragmento de rostro. Westchester regalaba las mismas calles desiertas de cada sábado en la mañana. Los mismos árboles numerosos escondían un ejército de pájaros desgañitados y desacordes. Las mismas casas, cerradas a cal y canto, insistían en hacer creíble su falso aire de paz, atrincheradas tras buzones en forma de elefantes, cisnes, aviones, signos de interrogación…

Puso el vehículo en movimiento. El rutinario adiós de la muchacha todavía en pijama que, como todas las mañanas de sábado a aquella hora, paseaba sus dos perros enanos hizo que el personaje se mirara en el espejo retrovisor situado frente a él. Su apariencia seguía siendo la misma, al menos para un examinador no muy informado, pero ese no era su caso. Él tenía la ventaja de haber convivido consigo mismo durante treinta y nueve años, de modo que podía percibir ciertos cambios, no importa lo pequeño que estos fueran: un mínimo y azuloso brillo en las profundidades castañas de su ojo izquierdo, una contracción inusualmente dura en la comisura de sus labios, o puede que un volumen más compacto en la oscuridad de su cabello... La necesidad de doblar en la esquina lo obligó a abandonar el autoexamen.

En principio, nada le pareció distinto a lo largo de Bird Road, que el personaje recorrió de oeste a este conduciendo despacio por el carril de la derecha, ignorando las caras de disgusto y hasta algún gesto ofensivo de los choferes, que terminaban por cambiar de carril y rebasarlo. Él interrogaba el entorno en busca de algo sobre lo que no tenía idea y que, por tanto, bien podía manifestarse en cualquier lugar y de la manera menos esperada. Examinó con atención el cartel en forma de flecha que un negro musculoso tiraba y recogía en el aire con indudable maestría. Aquel era buen sitio —sospechaba— para un mensaje oculto, imposible de ser descifrado a menos que uno mirara a través de un medio rostro ajeno; pero al pasar por el lado del negro musculoso comprobó que el cartel nada más informaba sobre una oficina de Metro PCS recién abierta en Bird Ludland.

Había llegado a la conclusión de que manejando le iba a ser muy difícil percibir alguna señal reveladora, sobre todo si esta se presentaba en una forma tan sutil como él sospechaba, y torcía a la izquierda, hacia el parqueo del Red Bird Center, cuando entra otra actualización de la

Martha en feisbu. El tejano de rigor, después de algunos chistes sosos acerca de qué revela sobre la personalidad de las mujeres la coexistencia de un pelo muy largo y unas uñas muy cortas, le pregunta si puede sentarse a su lado en el banco, y no hay que ser muy inteligente para percatarse de que toda esa historia es un invento de la Martha para condimentar la lentitud con que arranca el sábado. Nadie puede estar viviendo un intercambio como ese en Houston y al mismo tiempo contarlo a través de feisbu.

Pero tal obviedad no desanima a la canalla que comenta la nueva actualización. La Lima escribe que queda probado, ese tipo lo que quiere es comerle los chocolates a la Martha. El Perseguidor de Ardillas, por su parte, se alarma porque él conoce al marido de la Martha, y si Mauricio sabe lo que está pasando, ya mismo se olvida de que ha sido deportado dos veces, cruza la frontera con un machete y deja al gringo sin cabeza adonde poner el sombrero. Para no quedarse atrás, el tal Diminuto compone una décima en celebración del suceso:

Sentada, estaba sentada
la Martha mientras soñaba
un tejano que le hablaba
en una extraña parada.
La hebilla achocolatada
(suponía el buen zoquete)
le daba sin ningún brete
de Gump la entrada segura
ignorando en su premura
la existencia del machete.

Y ya que, como dije antes, el viejo ciego no tiene manera de conocer la existencia de la Martha ni sus publicaciones en feisbu, ha seguido con la historia del personaje, que para nuestra sorpresa decidió subir a un ómnibus en la avenida cincuenta y siete, viajando de sur a norte, de modo que nos perdimos lo que hizo después de entrar en el parqueo de Red Bird Center, así como las razones que tuvo para abordar ese vehículo donde aparte de él nada más viajaban un hombre con la barba crecida de por lo menos cuatro días, más una mujer baja y regordeta con pinta de centroamericana, quizás hondureña o nicaragüense, ambos ubicados hacia el fondo del vehículo.

Ahí iba el personaje, pues, viendo transcurrir la ciudad a través de la ventanilla del ómnibus, expectante para no pasar por alto alguna disimulada señal, como sospechaba que pudo haberle ocurrido con el sueño aquel donde viajaba en un avión y alguien llevaba una cabeza metida dentro de una cajita de madera. Aunque había tenido el sueño hacía años, él recordaba perfectamente el olor del avión y la expresión de felicidad de la cabeza, que no paró un segundo de hablar en un español tan cadencioso que hacía innecesario preocuparse por el significado de las palabras. Con la música de la voz bastaba para comprender cuanto decía. No había dudas, pensó el personaje, entonces no había sido capaz de desentrañar el mensaje oculto en algún pliegue de ese sueño, acorralado como estaba él entre el frío de Minneapolis y el inglés vertiginoso de los clientes, cuyos pedidos en la cafetería de Oak Park Heights adivinaba sujetándose de las pocas palabras que alcanzaba a reconocer. Para nada, al final el dueño acabó botándolo con el cuento de que en la temporada de invierno no necesitaba tantos camareros.

Pero ahora era distinto, y no solo porque este fragmento de rostro perteneciera a la vida real; también estaba incompleto y carecía de la seguridad con que en el sueño la cabeza hablaba dentro de su cajita. Entre el fragmento de rostro y él había un vínculo tan enigmático como innegable, de eso no tenía dudas, o no lo habría estado esperando frente a su casa ni él se hubiera sentido tentado a probárselo. Estimulado por ese pensamiento y a la vista de las aceras que seguían pasando afuera con pertinaz indiferencia, fue lógico que el personaje optara por buscar a cualquier precio una prueba de que había tomado la decisión correcta. Cerró el ojo propio para ver qué ocurría, y nunca sabremos si fue casualidad o una consecuencia de su acción, lo cierto es que cuando miró a través del ojo prestado Carmela estaba subiendo al ómnibus.

La chica se detiene muy cerca del chofer, paga y examina el interior del vehículo casi vacío. Así lo cuenta el viejo ciego y así la vio el personaje —su falda gris hasta la rodilla, la blusa color crema y el pelo cubriéndole ambas orejas—, aunque no alcanzó a detallarla; por ejemplo, no reconoció en ese momento que tuviera unos ojos bonitos, o los labios gruesos, o una gesticulación inusualmente intensa… solo recibió una única sensación de solidez, de estar ante una presencia contundente. Ella, por su parte, advierte enseguida al hombre sentado hacia la mitad del vehículo, a su derecha, y cree percibir en su rostro una necesidad apremiante de encontrar, por lo que avanza resuelta y toma asiento a su lado, algo que —al ocurrir en el mismo instante que pasa el Jumbo de Jet Blue con destino a Buenos Aires— el viejo ciego entiende como un triunfo del azar, mientras el personaje lo sintió como una apertura de posibilidades esperanzadoras, quién sabía si hasta cargadas de algún sentido feliz. Por eso miró sin disimulo a la muchacha todo el tiempo que el ómnibus necesitó para escapar al acoso del semáforo y cruzar la calle ocho, período durante el cual ella tiene conciencia de ser observada, de estar ofreciendo la imagen de una escolar tímida y formalita, sentada con su tronco muy recto y su falda bien dispuesta hasta las rodillas.

No hay que extrañarse entonces por la sorpresa del personaje cuando Carmela se vuelve de sopetón y le pregunta exigente:

—¿¡La oyó, oyó la voz!?

—¿Qué voz? —respondió él con el susto de quien hubiera cometido alguna falta.

—Esa —dice Carmela sin señalar hacia alguna parte, mientras su rostro se estruja, anuncia un llanto que por ahora no brota—. Preste atención, por favor…

El personaje no lograba escuchar otra cosa que el motor del ómnibus. Afuera, la ciudad seguía transcurriendo intolerablemente plana y despoblada de peatones, pero no emitía algún sonido audible para él. Incluso el ruido de los vehículos que circulaban por ambas sendas en la avenida rebotaba contra el aire acondicionado del ómnibus y terminaba convertido en una realidad supuesta y distante, ficticia.

—Perdone, pero no escucho ninguna voz —se disculpó él finalmente, con real pena.

El rostro de la muchacha sigue contraído, y aunque sus palabras suenan llorosas, tampoco esta vez llega a derramar una sola lágrima:

—Esa voz me llama todo el tiempo; no para nunca. Ya no sé qué hacer.

Él sintió que era su obligación decir algo con fundamento, quizás porque en lo más profundo de su conciencia se le había filtrado la ilusión de que el fragmento de rostro debía dotarlo de una cualidad especial para afrontar momentos delicados, como aquel. Pero nada se le ocurría y estaba seguro de que, sentado junto a la chica, ninguna actitud suya era tan desconsiderada como el silencio. Por fin una pregunta que le pareció lógica y aceptablemente inteligente se abrió paso en su cerebro: ¿y si la voz estaba dentro de ella?

—¿Por qué no trata de concentrarse en algo muy intenso? –le sugirió.

Carmela mira otra vez hacia los cristales delanteros del ómnibus, que el sol incendia sin piedad, y por unos brevísimos instantes recompone la imagen de la tímida colegial que sin dudas el viejo ciego disfruta muchísimo. Usando los movimientos estrictamente necesarios, levanta su falda y la sujeta con los dientes, hala el elástico superior del panti amarillo con la mano más próxima al personaje, y deja a la luz un sexo meticulosamente rasurado, de finísimos labios gemelos, que a él le parecieron casi de niña hasta el momento en que ella abre las piernas y libera un clítoris prominente, cubierto por una caperuza roja, que no para de hincharse mientras Carmela la va frotando con la implacable destreza de sus dedos pulgar e índice. Cuánto demora ese ejercicio lento y pastoso es algo que no logró determinar el personaje, incapaz de hacer otra cosa que testimoniar aquel acto a la vez de posesión y de exorcismo, lanzando miradas alternativas a la cresta cada vez más endurecida entre las piernas de la muchacha y al rostro cuyas contracciones se van tornando cada vez más violáceas, que termina por dejar un mugido grave y una inhalación de estilete atrapados en la tela de la falda presa entre los dientes.

Nadie entiende ese estremecimiento tan bien como el viejo ciego en su patio de Fontainebleau Boulevard. El aullido que Carmela ahoga en el bus con la entereza de quien encierra un trueno dentro de un cartucho sirve de preámbulo al paso del Airbus a380 de Lufthansa procedente de Frankfurt, cuatro turbinas que por unos instantes preñan la existencia con su poder, desarticulan cualquier noción cuerda de tiempo y espacio, y dejan al viejo ciego jadeando en su asiento, inseguro de si en ese transcurso la puerta que da a la casa fue abierta; de si en realidad la voz de su mujer deseó que los terroristas acabaran por tumbar todos los aviones del mundo, a ver si aquella familia podía tener un poco de paz, aunque nada más fuera el fin de semana. Por eso, en medio de su turbación, el viejo ciego no puede contar cómo Carmela suelta el elástico superior del panti amarillo, arregla su falda, se pone de pie, y con la mayor naturalidad del mundo avanza hacia la salida del ómnibus, donde hala el cordón que anuncia al chofer su intención de bajarse antes de llegar a la calle catorce.

El personaje vio irse la figura de Carmela al otro lado de los cristales, parada aún en la acera, y permaneció un rato sumergido en sí mismo. Por fin se quitó el fragmento de rostro y lo dejó caer en el piso del ómnibus, delante del sitio que antes había ocupado la muchacha. Lo hizo con la misma indolente actitud que avanzó luego hacia la puerta y pidió la parada o que, ya en la acera, dudó al determinar qué era más insoportable, si el calor del mediodía inminente o la indiferencia de los vehículos que pasaban hacia ambos lados sofrenando su velocidad.

Quizás el viejo ciego tenga la razón, él trabajó para Eastern Airlines mientras la diabetes no lo privó de esa posibilidad, y por tanto vio embarcar y desembarcar a decenas de miles de personas, así que le sobra experiencia para suponer que en ese momento el personaje solo estaba interesado en volver al parqueo del Red Bird Center y recoger su auto. Pero al moverse el ómnibus para continuar su ruta, un reflejo del sol estalló en los ojos del personaje, deslumbrándolo.

Así estuvo una cantidad imprecisable de segundos, ciego y sin moverse, atormentado por la molesta desolación que produce el sentirse indefenso ante los potenciales peligros del exterior. Incluso cuando por fin comenzó a distinguir otra vez los objetos y las figuras a su alrededor, no tuvo la paciencia ni la claridad de mente para percatarse del inusual entorno al que regresaba. Sí vio enseguida a la mujer vestida con una falda estrecha y sentada en el banco de la parada, al otro lado de la calle, mirando al hombre gordo con sombrero, botas y cinturón vaquero que, de pie frente a ella, le muestra una identificación. Todo cuanto necesitaba lo leyó el personaje en los ojos de la mujer, en esa pasión serena y dura de las personas valientes cuando enfrentan una situación que han temido durante mucho tiempo y son poseídas por un miedo inevitable.

No creo que el personaje tomara una decisión meditada, de veras que no; más bien pareció intuir algo demasiado doloroso para ser razonado, difícil de concebir incluso para nosotros, y se entregó a un impulso. Comenzó a cruzar la calle hacia el banco donde el tejano de rigor aplasta con su sombra a la Martha, en el exacto momento que a lo lejos y a su izquierda lo hace un avión cuyo áspero sonido indica al viejo ciego el paso de un veterano Boeing 727 cuyo destino o procedencia no logra identificar. Solo que, mientras él ve en su imaginación el aparato elevándose como un pez remoto y demorado, a los ojos del personaje no es sino un filo brillante que va cortando el cielo en dos.

_____________________ **Destinos**

Los habitantes del suburbio no encontraron qué otra cosa hacer sino mirarse inquietos, ansiosos por comprobar que en efecto eran ellos y que amanecían en el mismo sitio donde se habían acostado a dormir. Lo eran, de eso podían estar al menos tan seguros como de que la noche anterior aquel puente no cruzaba sobre las naves ruinosas donde alguna vez hubo una fábrica de películas fotográficas, más allá de la última hilera de casas.

En las proximidades del mediodía, Jonas Demelis escupió una babaza ácida que le subía desde el estómago y declaró:

—Estamos bien jodidos.

—Bueno, tampoco hay que tomarlo tan a la brava –intentó apaciguarlo el cojo Frandes, creído de que el viejo se quejaba porque en los últimos cuatro días solo les había alcanzado para yerba sintética–. Podríamos ir hasta la mecánica de Gabio y hablarle. Otros lunes ha resultado.

Demelis se incorporó trabajosamente, deslizando su espalda sobre la pared, y escupió otra vez hacia la calle. Desde arriba, el cojo acuclillado en la acera le trajo el recuerdo de esas cucarachas aplastadas, entre pardas y grises, que habitan en los desagües.

—Estamos jodidos, recuerda que te lo dije hoy. Nadie regala nada por gusto.

La curiosidad terminó venciendo a la desconfianza. A pesar de las advertencias emitidas por el Consejo de Gobierno para que continuaran con su rutina diaria, los habitantes de la ciudad invadieron el suburbio –primero solo algunos hombres; luego familias enteras, las mascotas incluidas– queriendo ver de cerca aquella mole. Pudieron comprobar que era un puente, en efecto, y mientras más tocaban las enormes columnas de hormigón gris y más observaban en lo alto la osadía con que las barandas metálicas bordaban el azul pálido del cielo, más aumentaba el estupor. Intuían un reto confuso, imposible de identificar en ese momento, pero cuya intensidad seguramente iría creciendo cada vez que encararan el horizonte. Y como las autoridades no daban explicación…

—Despliegue todas las fuerzas, pida el apoyo del Ejército. El suburbio deberá amanecer bajo control. Mañana es domingo y esos actos de violencia no pueden repetirse… ¿me ha entendido? Envíe copia del plan para su aprobación en cuanto esté listo.

El alcalde Nastio cerró la llamada. Intentó regresar su atención al juego de baloncesto colegial que el equipo del estado perdía por catorce puntos en la pantalla del televisor pero le fue imposible. Se volteó furioso hacia su esposa:

—Deja de mirarme así y acaba de soltar lo que te está picando en el buche.

Ella construyó una expresión de inocencia –levantó las cejas y los hombros, proyectó los labios hacia arriba–, hasta pensó en responderle que no lo miraba, solo se divertía viendo el reflejo distorsionado del juego en la frente y la calva de su marido. Pero desistió de la broma. Ya habría tiempo de usarla en una circunstancia menos complicada.

—Tienes que decidir algo. La gente quiere sentirse segura… saber que el Consejo tiene la situación agarrada por los cuernos.

—Y dime, ¿qué cuernos podemos agarrar ahora mismo? Los científicos no se explican de dónde carajo vino ese puente y el Gobierno federal anda peor. Solo saben repetir que sigamos los acontecimientos atentamente.

Con delicadeza y usando ambas manos, ella empujó hacia arriba el borde inferior de su peinado, que terminaba en un hondo bucle casi a punto de tocar los hombros. Luego tomó una fosforera y prendió una varita de incienso enhiesta en la mesa de centro.

—Bueno, tú sabes tus cosas, pero ahorita aparece un atronado incitando a la gente para poner flores en el puente o para tumbarlo, da lo mismo, y quedarás como un indeciso… Si fuera yo...

—¿Y si el puente desaparece mañana igualito que vino?

No desapareció. La imponente estructura siguió en su sitio, un poco más allá del suburbio ahora militarizado, como mirando fijamente hacia la ciudad. El clima de tensión iba traspasando el límite de lo aconsejable, cuando un tuit del arquitecto Petrus Kasialis se hizo viral antes de cumplir los cinco minutos de existencia. Sus nueve palabras saltaron primero de cuenta en cuenta, se desbordaron enseguida hacia el rumor, y sacudieron a unos medios de comunicación hambrientos de primicias:

—Un puente tiene sentido si salva algún obstáculo relevante –eso decía.

Hubo un unánime suspiro de alivio. Por supuesto, sobrevolar unos edificios ruinosos ofendería la condición de cualquier puente, cuánto y más de uno como aquel. Identificado el origen del miedo, lo demás resultó fácil. A propuesta del alcalde Nastio, el Consejo de Gobierno determinó emplear los fondos reservados para catástrofes e imprevistos y sembrar un río.

Un proyecto sin dudas innovador, reconocieron los ingenieros hidráulicos, aunque amenazado por una dificultad de respetable envergadura. Si en el estado sobraban las costas y sus habitantes alardeaban de bañarse en las mejores playas de la nación, no había una mísera montaña donde pudiera nacer un río. Era la dura realidad, y no fueron pocos quienes descubrieron en ese momento lo injusta que había sido la naturaleza con la región.

Por suerte la consternación duró apenas un par de días. Duró hasta que Dicent Portand, excampeón estatal de ajedrez cuando solo tenía doce años de edad, detuvo su explicación acerca del momento adecuado para ejecutar un enroque, se mesó la barba blanca con avisada expresión de patriarca, miró directo a la cámara —lo que equivale a decir directo a los ojos de cada espectador sentado frente al televisor—, y cuestionó:

—¿Y los puentes no sirven precisamente para enfrentar los retos de la naturaleza?

También era cierto. El Consejo de Gobierno decidió construir un río artificial, al tiempo que ordenaba redactar un llamado a la población. Solo con el apoyo moral y material de todos podría la ciudad salir victoriosa en aquella ciclópea empresa. Y efectivamente, el día en que las aguas huérfanas de peces cruzaron por debajo del puente, saltando entusiastas en su camino al mar, el alcalde Nastio declaró desde el helicóptero en que sobrevolaba el histórico momento:

—Esta obra es un símbolo de la voluntad humana. Podemos sentirnos orgullosos por el presente y esperanzados en el porvenir.

Como ocurre en las borracheras profundas, la población se dejó arrastrar por la alegría, y cuando terminaron las celebraciones, cada quien quedó sumergido en una cierta tristeza, a solas con la duda de si no habría cometido algún exceso imposible de recordar. Una nube de inquietud se aposentó sobre la ciudad y durante días nada fue tan terrible como levantar los ojos por la razón que fuera —seguir el vuelo de unas aves o calcular las probabilidades de lluvia para esa tarde, por ejemplo— y tropezar en el horizonte con un puente que cruzaba sobre el ocre fluir de un río. Un puente que no venía ni iba para algún lugar.

Esta vez la dificultad del proyecto obligó a buscar el apoyo de las autoridades federales, cuya intrincada burocracia se ocupó de que todo avanzara en la forma más lenta y engorrosa posible. Los trabajos duraron ocho años y dejaron al puente hermosamente conectado a una audaz maraña de autopistas que, apenas inauguradas, se congestionaron de vehículos apresurados por llegar a algún sitio.

Ante la tela de araña atiborrada de viajeros, no quedó alma en la ciudad sin preguntarse cómo habían podido vivir tantos años indiferentes a la necesidad de aquella obra, que llenaba sus vidas con una luz distinta.

—¿¡Quién!? —preguntó Niovelis sentándose de un salto en la cama, y por un instante pareció referirse al hombre dormido a su lado, desnudo y bocabajo.

Kiara fue recogiendo los mechones de pelo rubio dispersos sobre la frente de la muchacha, esperó un momento a que la intensidad del susto cediera un poco en su rostro. Por fin le tomó la barbilla:

—Tienes que levantarte, querida, hubo un accidente anoche en la 641 y parece que tu hermano estaba ahí.

Pero Niovelis no reaccionaba. A la vista de las mejillas hinchadas, las dos carreteras grises corriendo en arco bajo los ojos azules y los labios resecos que se abrieron y cerraron varias veces como si intentaran recobrar algún sabor, Kiara recordó lo que su madre le dijo alguna vez, hacía una barbaridad de años: la belleza es una predisposición.

—Ven —le dijo halándola por ambas manos—. Vamos a echarte un poco de agua en esa cara. Dos policías te están esperando en el recibidor… Por el cliente no te preocupes, yo me encargo.

Visto desde la perspectiva que da el tiempo, puede decirse que en realidad el puente conectó a la ciudad y no al revés. No solo la dotó de un símbolo a la altura de la Torre Eiffel, el Cristo de Corcovado o la Gran Muralla China. También la convirtió en un centro de atracción visitado cada mes por miles y miles de hombres de negocios, científicos, artistas de fama diversa, o simples turistas y viajeros que leían admirados en los impresos promocionales cómo una década había bastado a la región para colocarse entre las cinco de mayor crecimiento económico en todo el país.

Ante semejante felicidad, ¿quién necesitaba preocuparse por el futuro? Y así fue hasta que apareció el primer suicida colgando del puente, algo que en sí mismo no tenía por qué ser considerado una catástrofe; en todas partes hay gente inoportuna y amargada. Lo intrigante en ese caso, como en el de los otros ahorcados que aparecieron después, fue que ninguna de las numerosas cámaras colocadas a lo largo del puente registrara lo ocurrido, ni tampoco vieran algún movimiento sospechoso los policías que vigilaban la obra por aire y tierra, o al menos uno entre los miles de conductores que iban y venían sin pausa.

Tratando de sobrepujar el ruido del helicóptero, el capitán de la policía informó al inspector enviado por el Gobierno federal:

—La única pista sobre el suicida es un nombre escrito con tinta en el forro de su chaqueta: Jonas Demelis. Pero en el registro consta que esa persona murió hace más de cuatro años y tampoco hemos encontrado familiares o allegados suyos. Claro, la chaqueta pudo haber pertenecido antes al tal Demelis y…

Se detuvo, era obvio que el inspector no lo estaba escuchando. Miraba fijamente a través de la ventanilla, como embelesado. Por fin hizo una mueca ratonil al apuntar con los labios hacia el puente y la maraña de carreteras que se desplegaba debajo:

—¿Qué había en la zona antes de que todo eso fuera construido?

El capitán de la policía sintió un pequeño sobresalto. No porque desconociera la respuesta, estaba a punto de cumplir cincuenta años y había vivido siempre en aquel lugar, sino porque de momento le pareció que aquel hombrecito escuálido y molestoso indagaba sobre un tiempo improbable, algo semejante a cuando en la escuela de su infancia escuchaba mencionar la Edad Media tardía o la época de Pericles. Por fin, sobreponiéndose a sí mismo y al desagrado que le causaba el inspector, respondió:

—Ahí vivía la gente del suburbio, pero eso fue hace mucho.

_________________ **Interrupciones**

*Al fin y al cabo, al recordarse, no hay persona
que no se encuentre consigo misma.*

J. L. Borges

Y entonces me vi… *I mean*, vi a un sujeto en el área de la cafetería y pensé que era yo… Fue un segundo nada más, pero el impacto me dejó en *shock*, y claro, perdí el hilo de lo que estaba diciendo la muchacha.

—…una forma de entrar en equilibrio con lo que me rodea, aunque tampoco es que yo piense en esas cosas mientras pinto. No sé si me explico…

Eso está diciendo Sahily cuando George cree reconocerse en el hombre de apariencia no muy aseada que descubre merodeando en torno al mostrador del café. No es la imagen idéntica a sí mismo que vería duplicada en las pupilas castañas de la muchacha si la mirara otra vez de frente, sino alguien distinto, un individuo claramente mayor que él en quien sin embargo la barba escasa y mal atendida no le impide identificar el redondeo de su propio rostro, ni son suficientes tampoco las entradas y las canas en la cabeza del otro para ocultarle el cabello fino y muy lacio, aunque con ese mínimo encrespamiento en las puntas que George ha apreciado siempre como un detalle tan personal.

—Perdone, ¿pasa algo? —pregunta Sahily, y siguiendo la mirada de George, vuelve la cabeza hacia el mostrador del café, donde una pareja de jóvenes vestidos con ajustados trajes de ciclistas espera ser atendida.

—*Not at all* —contesté buscando ganar tiempo, que bien sabes tengo una especialidad en manejo de situaciones críticas, y lo primero que se me ocurrió fue echar mano a la jarra, pero la cerveza se había entibiado. Como la última palabra que recordaba haber escuchado era *equilibrio*, armé a partir de ella una respuesta lo más ambigua posible—. La entiendo, pero, ¿me está diciendo que nunca viene un conflicto a desequilibrar su pintura?

Sahily levanta la cabeza y su naricita puntiaguda señala hacia George. En otro rostro, esa nariz habría sido un artefacto raro, pero no entre los filos uniformes y bien marcados del suyo, donde campea como un toque de delicadeza. Cada detalle en ella se siente liviano, ajustado a su delgadez, incluyendo la simple acción de agarrar el tenedor más pequeño entre los cubiertos desplegados a su derecha, pinchar un trocito de fruta —quizás mango o melón cantaloupe— y hacerlo desaparecer con suave parsimonia más allá de los labios muy finos y muy rojos.

George, mientras tanto, aprovecha el silencio de la muchacha para chequear con el rabillo del ojo hacia su derecha. Observa cómo el individuo se sirve agua del dispensador en un vasito cónico de papel y se aleja luego del mostrador para ir a recostarse contra la pared, cerca de la salida hacia la calle. Precisamente porque está seguro de conocerse muy bien, no puede George dejar de identificar en esos movimientos reposados e indiferentes al menos parte del repertorio de fintas que él mismo emplea cuando quiere fingir desinterés en medio de alguna negociación que le interesa mucho. Así, preguntándose cómo es posible que alguien tan diferente le parezca tan semejante, lo encuentra la respuesta de Sahily:

—Bueno, supongo que no hay obra de arte sin conflicto pero, ya le digo, eso no es algo que me preocupe a la hora de… —y la interrumpen unos bocinazos que vienen de la calle, hacia donde ambos dirigen su atención; ella, sorprendida, como es común en aquellos a quienes lo inesperado les llega por la espalda; él, sobresaltado, algo igualmente comprensible cuando una persona acostumbrada a mantener un control razonable sobre su entorno empieza a carecer de respuestas frente a percepciones que, hasta encontrar un término más exacto, calificaremos de inusuales.

El escándalo se debe a un *trolley* detenido fuera de su parada oficial, hecho que el resto de los choferes repudia pulsando las bocinas sin compasión. El pequeño *bus* en forma de casita y su vivo color naranja ofrecen un llamativo contraste bajo los frondosos árboles sembrados a ambos lados de la calle, dejan la impresión de un objeto muy antiguo que alguien hubiera colocado a propósito, por simple diversión, en medio de todos aquellos autos y sus agresivos diseños. Sea por esa o por otra razón, Sahily sostiene el medio giro de su cintura para seguir lo que ocurre en la calle, mientras tantea sobre la mesa con la mano izquierda hasta encontrar la servilleta de tela blanca, y entonces comienza a secarse los labios frotándolos suavemente.

Ante el huequito que esa posición torcida ahonda en la estrecha nuca de la muchacha, George descubre lo que ha estado extrañando en ella desde que llegó al restorán: no hay una pizca de maquillaje en todo su cuerpo; es más, al repasar sus recuerdos, recupera la certeza de que tampoco iba maquillada la noche en que inauguraron la exposición. Tan ardua pesquisa de algo que ha estado todo el tiempo a la vista hace que George examine los alrededores, mientras de vez en cuando echa un vistazo con el rabillo del ojo al área donde toman café quienes van de paso.

A esa hora en que el almuerzo ya es menester cumplido y la tarde demasiado tierna aún para pensar en la cena, casi todas las mesas en la terraza están vacías, a excepción de una a su izquierda, junto a la salida hacia el parqueo, donde tres jóvenes ilustrados con tatuajes diversos discuten en voz baja, y otra frente a él, en la fila más cercana a la calle, que ocupa una pareja de ancianos concentrados en el respectivo plato de comida, al parecer inmunes a cualquier apelación que no sea su hambre, incluyendo el escándalo de las bocinas.

Seguramente atraída por la forma en que George parece buscar a su alrededor, una camarera se acerca a la mesa:

—¿Necesita algo el señor? —pregunta con un amago de inclinación y otro amago de sonrisa en sus labios gruesos y oscuros.

Es una mulata alta, cuyo volumen corporal pone a prueba la elasticidad del uniforme azul, también de la blusa pero sobre todo del pantalón. Una de esas mestizas muy claras en quienes la piel, ni blanca ni negra, apunta un ligerísimo matiz violeta.

—*Another beer, please* —dice George—. Esta se calentó.

Y entonces me ocurrió algo de lo más ridículo. Como si los choferes en la calle se hubieran puesto de acuerdo, los *klaxons* de los autos, todos, hicieron silencio al mismo tiempo mientras yo hacía el pedido. Mi *esta se calentó* se oyó tan alto que los jóvenes tatuados detuvieron su conversación para mirarme. No me quedó otro remedio que sonreírles y pensar a toda velocidad en la manera más airosa de aclarar a la camarera que no estaba molesto por la cerveza calentada ni por alguna otra razón, que aquello había sido el resultado de una coincidencia poco feliz. Por suerte la pintora se me adelantó:

—¿Qué es el estadio del Cerro? —preguntó señalando hacia el espacio que estaba detrás de mí.

Ahora es George quien se tuerce para examinar la pared a su espalda, donde hay colocadas cuatro butacas plegables con una inscripción encima. Las butacas de madera, pintadas de un verde muy oscuro, están recogidas y proyectan esa apariencia hosca de los objetos obligados a permanecer en un lugar extraño a su naturaleza.

—Un *ball park* en Cuba, creo –responde George mientras se endereza y mira a la camarera–. ¿Es correcto?

La mulata casi blanca asiente y su sonrisa se amplía, por un instante traspasa la condición de ejercicio cortés:

—Sí, un estadio de pelota en La Habana, aunque hace mucho que le cambiaron el nombre. Dicen que esos asientos son de allá… Con el permiso, ya le traigo otra cerveza, señor –recoge la copa mediada de líquido que reposa frente a George y se va desatando un terremoto en sus nalgas.

El silencio en la mesa nos duró muy poco, algo que no era difícil de anticipar por la forma en que la muchacha entrecerraba sus ojos para mirarme y el gesto de su mano derecha buscando comprobar si el moño de pelo recogido permanecía en su lugar. La observación es una ciencia, *you know*, mi ciencia preferida.

—Había entendido que usted era cubano… –comentó ella.

—Y lo soy, pero nacido en este país. Mis padres vinieron en el sesenta.

—¿Ha estado alguna vez en Cuba?

—Pues no.

—¿Ni sus padres han vuelto tampoco?

—De hecho, mi padre está allá ahora mismo. Mamá murió hace seis años, de cáncer, y desde entonces él pasa parte del tiempo aquí y parte en Cuba, acompañándose con dos primas de su edad…

Los ojos de la muchacha volvieron a su tamaño normal, hasta te juraría que tenían un brillito salpicón.

—Pero bueno, yo sí que soy fresca. Qué vergüenza. Perdone por el interrogatorio, a veces me pongo así de metiche —dice y eleva ambos hombros al mismo tiempo, un movimiento que aumenta el relieve de sus clavículas, ya bien visibles debido a su delgadez y al vestido gris que usa, sin cuello ni mangas.

—*Don't worry; it's what it is* —le quité peso al asunto—. Para que vea, cuando la presentaron el día de la inauguración y dijeron que usted era dominicana, pensé que no lo parecía...

Ella sonrió sin dejar de mirarme; nada más que eso hacía, sonreír y mirarme... ¿con picardía? A esas alturas, ya me había percatado de lo mucho que le gustaban las pausas, por lo menos tanto como los vestidos *plain*, solo ajustados en la cintura y largos hasta las rodillas. La noche en que inauguramos la exposición también llevaba uno así, aunque de un color más oscuro o con un escote menos amplio... no recuerdo exactamente. Yo de vestidos sé poco; ahora, en pausas soy un experto.

—Porque mis abuelos fueron libaneses emigrados a San Pedro de Macorís —dice ella cambiando la mirada hacia las uñas de sus manos, estrechas, cortas y sin pintura—. En Santo Domingo, adonde se mudaron mis padres después de casarse, no; pero en San Pedro todavía mucha gente nos conoce como *los turcos*.

—¿Y hace mucho que vino para Miami?

—No, como un año y...

El regreso de la camarera deja trunca la declaración:

—Con su permisito... Ay, usted me va a excusar por la demora, señor, las Peroni de aquí alante no estaban frías-

frías y tuve que pedirlas al almacén. Pero no se preocupe, ya mismo le sirvo su cervecita…

No me preocupaba en lo más mínimo, al contrario. Aprovechando su interrupción, pude entender por qué cada cierto tiempo el sujeto en el área de la cafetería iba hasta el dispensador que estaba junto al mostrador, se servía agua en un vasito de papel y regresaba enseguida a recostarse cerca de la salida hacia la calle. Era teatro y del peor, un pretexto para examinar de cerca a los clientes que estuvieran en ese momento esperando o bebiendo su café, y elegir entre ellos a quiénes interceptaría para pedirles cigarrillos cuando salieran. Me dio gracia pensar en la cantidad de agua que el muy idiota estaría obligado a tragarse durante las horas que permanecía apostado allí, y hasta por un momento dudé si denunciarlo a la gerencia para que lo sacaran del establecimiento, pero me arrepentí… para qué… no valía la pena.

Una tranquila satisfacción viene a desvanecer el pálpito que no ha dejado de mortificar a George desde el momento en que descubrió la existencia del merodeador. Con gesto reposado, saca el teléfono celular de su estuche colgado al cinto y lo revisa. No hay mensajes de la oficina, así que devuelve el aparato a su sitio y repasa con sus dedos las solapas del saco gris, se ajusta el nudo de la corbata azul. El *que disfrute su cerveza* dicho por la camarera mientras se retira le indica que ha llegado el momento de regresar al diálogo, y lo hace en el mejor estilo del negociador avezado: traspasando el turno a su interlocutora.

—Ahorita, cuando se formó el escándalo en la calle, usted me explicaba algo de su trabajo…

—Sí, le decía que al pintar nada más me preocupo por ser yo, el resto se lo dejo al público; así que, ¿y si fueron sus ojos los que pusieron algún conflicto en mis cuadros?

Y se recostó al espaldar de la silla con un gesto triunfal. Yo sonreí y dupliqué su acción de recostarse, algo que seguramente ella entendió como una reverencia a la jugada con que me había devuelto la palabra, cuando en realidad quería ser un aplauso al hombre mayor, de barba blanca y bien cuidada, que abandonó el área de la cafetería como si el sujeto junto a la salida y su impertinente seña de llevarse el dedo índice a los labios no existieran, una indiferencia de *leave me along!* que celebré mirando de frente a la muchacha y sonriendo. Ella, te lo aseguro, tomó mi mirada y mi sonrisa como un cumplido y bajó los ojos hacia el mantel con una expresión de falso pudor que por eso mismo, por falso, la hizo lucir más simpática. En el fondo la chica tenía razón, ¿sabes?, el conflicto en sus cuadros era de mi propiedad… Pero entonces fui yo quien decidió hacer una pausa.

Con el dedo índice de su mano derecha, George abre un surco de arriba abajo sobre la superficie húmeda de su copa, cualquiera diría que interesado en hacer más visible el amarillo de la cerveza antes de poseerla con dos tragos cortos, firmes, suficientes para dejar en claro que esta vez la tarde cálida y el sol que hostiga el techo de lona no tendrán tiempo de calentar su bebida. Por fin levanta los ojos hacia Sahily y busca su tono más ligero:

—No soy un especialista en arte, esa aclaración sale sobrando, pero desde que entré en la gerencia del banco, cada año financiamos una exposición para Art Bassel, por lo que algo he tenido que tratar con artistas y *curators*.

Una pareja de palomas rompe a cantar de repente. Deben estar posadas en algún punto sobre la lona del techo, no muy lejos de ellos si se toma en cuenta la intensidad con que trenzan una cadencia implacable: canto y respuesta, canto y respuesta, canto y respuesta... Hasta los ancianos en la mesa más próxima a la calle apartan por primera vez su atención de la comida y buscan en lo alto. Agudo para los detalles como es, en otro momento George se hubiera percatado del traje color zapote que viste la anciana, totalmente inapropiado para el calor de esa tarde, o del curioso pañuelo blanco y azul anudado al cuello del anciano, pero George está concentrado en suponer los cuerpos rollizos, entre pardos y grises, de las aves cuyo canto en cadena le recuerda a su madre llevándolos de la mano por las calles de Hialeah, mientras murmuraba para que solo él y su hermano la escucharan decir *más apestosa será tu abuela*, en respuesta al canto de las palomas.

—No sé cómo será en Cuba, pero en mi país las palomas no cantan tan feo como aquí —comenta Sahily y forma un piquito con sus labios encarnados—. Guácala, ¿no suena como si repitieran *qué peste, qué peste?* Bueno... —y algo parece ver ella en el rostro de George porque se detiene turbada—. Por favor, excuse mi tonta interrupción. Usted estaba hablando sobre su trabajo en el banco y las exposiciones de Art Bassel...

—No hay problema —respondí—, si supiera cómo cantan las palomas en Cuba, con gusto se lo diría —y sonreí. Bebí un nuevo sorbo de cerveza, y tras considerar que la pausa había sido suficiente, la miré a los ojos—. La noche de la inauguración le dije que sus cuadros me parecían tiernos, sobre todo por el encaje blanco que le dibujó encima a esa señora tan *nice*...

—Sí, claro, lo recuerdo. Y le expliqué que las piezas eran parte de una serie donde uso como modelo a la nana que me crio. Todavía ella vive en la casa de mis padres, en Santo Domingo...

—Sí, también lo recuerdo... —George carraspea y aprovecha para mirar hacia su derecha.

Nada relevante descubre. Recostado junto a la salida, el individuo registra los bolsillos de sus pantalones cortos, mientras en el mostrador del café un joven bebe de su taza a pequeños sorbos y sostiene en la mano izquierda un teléfono blanco del que parten dos finos cables hacia sus oídos. George regresa a la mirada de la muchacha.

—Pero creo que esa primera impresión empezó a cambiar cuando el *curator* dio el recorrido que organizamos para los *partners* del banco y explicó por qué usted había apilado todos esos zapatos usados frente a los cuadros… Fíjese que digo *creo*, tampoco es que esté seguro…

—¿Y entonces? –pregunta ella, toma nuevamente el tenedor pequeño, pincha un trocito de guineo y se lo lleva a la boca.

—Mire, le confieso que las exposiciones de los artistas de ahora me inquietan siempre un poco, pero esto es otra cosa. Esa noche del recorrido soñé que la señora de sus cuadros me peleaba porque yo quería salir a la calle con unos zapatos todo rotos y sucios.

—¡No me cuente! –exclamó ella divertida.

—Así como lo oye. Y el asunto no termina ahí, después he soñado como tres veces más con ella. ¡Si usted viera qué disparates! En el último, antenoche, yo iba corriendo al lado de un tren en marcha, tratando de halar unas cañas larguísimas que sobresalían de los vagones, y qué va, no encontraba modo de sacarlas. Eran como pelos así de gordos nacidos entre los hierros. Y mientras, la señora me gritaba que dejara las cañas tranquilas, que me iba a lastimar. ¿Sabe cómo me llamaba ella? Muchacho de mierda, y perdone la expresión.

—No sé qué decirle, la verdad…

Y Sahily pone su mirada en el centro de la mesa, como si en ese momento estuviera descubriendo el salero, la pimienta y el azúcar que han estado allí desde el principio. También George calla y el canto de las palomas parece aumentar de volumen: *qué peste, qué peste, qué peste, qué peste...* Los jóvenes tatuados siguen discutiendo en voz baja, aunque ahora de pie junto a la mesa que antes ocuparon, y el anciano en la mesa más próxima a la calle levanta su brazo derecho hacia la camarera, preámbulo a la voz de redondeada cadencia sudamericana que pide:

—*Could we have two Cuban coffees? No sugar, please.*

Y entonces decidí que había llegado el momento:

—Bueno, me pregunto por qué esa señora tan *kind* en sus pinturas aparece siempre enojada en mis sueños —y George hace una pausa, mira hacia la calle, permite que su duda gane cuerpo entre los dos—. Ya leí todo lo que hay en Internet sobre sus cuadros, pero eso es publicidad, así que ayer ordené a mi asistente coordinar este encuentro. ¿Tiene usted algún lugar que use como estudio?

—Sí, donde estoy rentada dedico dos habitaciones a espacio de trabajo.

—¿Me permitiría visitarla en su estudio, ver otros cuadros suyos, escucharle hablar sobre cómo y por qué los pintó? —y empiné otro trago de cerveza—. ¿Cuál es su estatus en el país?, ¿ya tiene papeles?

Sahily toma nuevamente el tenedor pequeño, pero parece arrepentirse y lo deja bocabajo, con las púas apoyadas sobre el plato de frutas.

—Pues no, conseguir los papeles en este país es un verdadero tollo para nosotros... No tenemos la suerte de los cubanos, que nada más llegar, y ya...

—Entiendo. Mire, quizás alguna ventaja saque usted de mi propuesta. A lo mejor me interesa algún cuadro suyo para comprarlo. Hasta puedo, sin compromiso, claro, consultar a los asesores legales y ver si el banco tiene alguna posibilidad de apoyarla en la tramitación de un permiso de trabajo… aunque sea temporal. *So, ¿qué piensa?*

La muchacha se recuesta otra vez al espaldar del asiento, mira un instante los dedos finos y cortos de sus manos. Cuando habla, su expresión es igual de liviana, pero en su voz resuena otra densidad:

—Sepa que me siento halagada por su interés en mi trabajo y en mí. Y como así es, quisiera aclarar dos cosas antes de seguir esta conversación. Primero, mis padres tienen muy buena posición en la República Dominicana. Y segundo, *last but not least*, soy lesbiana… Perdone que se lo diga con esta franqueza, pero no vine al país para correr detrás del dinero ni mucho menos detrás de un hombre. Hay cosas que…

—No, *excuse me*, usted me interpreta mal. Yo… –intenta responder George pero algo lo detiene.

Me interrumpió la imagen del pedigüeño viniendo desde el área de la cafetería, y si bien no tuvo el atrevimiento de dirigirse a nosotros, como en ese momento temí, antes de que su figura se perdiera a mi espalda pude ver en la parte interior de su muñeca izquierda una mancha marrón y en forma de anzuelo semejante a la que me había borrado yo de ese mismo lugar al terminar la universidad. *Don't you believe me?*, pues oye esto…

Todavía sin asimilar bien el significado de su último descubrimiento, George escucha cómo el otro abre una de las butacas que alguien trajo de un estadio lejano para colocarlas contra la pared situada a su espalda, y recibe de golpe un hedor repugnante, ácido y dulzón al mismo tiempo, cuyo picor se enlaza en su memoria con el olor de los ratones que morían bajo los pisos de madera en la casa de su infancia. La frase que su padre diría en una situación como aquella, *huele peor que el mosto*, pasa a toda velocidad por la cabeza de George, que se inclina hacia Sahily, de modo que el extremo más grueso de su corbata azul reposa sobre el mantel todo el tiempo que él emplea buscando una palabra en español para sustituir aquella que cantan las palomas. Por fin murmura hacia los ojos muy abiertos de la joven:

—Creo que mejor nos cambiamos a una mesa dentro del restorán. Ese sujeto que se ha sentado ahí detrás tiene un mal olor terrible –y acompaña sus palabras con un movimiento de cabeza hacia arriba, un indudable intento de señalar con la nuca.

Sahily se incorpora a medias en su asiento y examina el espacio detrás de George con un detenimiento que él considera desmedido, sobre todo tomando en cuenta la catadura del individuo y la forma en que podría reaccionar. Cuando por fin volvió a sentarse, los ojos de la muchacha estaban todavía más dilatados y, no sin angustia, me preparé para escucharle asombrarse de cuánto parecido encontraba entre el sujeto sentado allí detrás y yo. Pero, muérete mi hermano, lo que dijo fue:

—¿Cuál individuo? Detrás de usted no hay nadie.

______ Que borra las palabras en la pared

Señalaba con decidido entusiasmo hacia el cartel escrito en la pared, las incomprensibles letras negras y rojas, los trazos de adusta firmeza, y mis padres reían o se miraban, según fuera el ánimo en ese instante; qué muchacho tan despierto, comentaba a veces alguna visita.

Nos palmeábamos entusiastas, levantábamos las pergas de cerveza medio calentona ante la pared, que nos recibía donde la carretera de Cuabitas iba haciéndose calle, otra más de la ciudad en momentáneo descenso, y el brillo del mensaje parecía devolvernos el saludo desde su altura, con esa seguridad tan natural en quienes son conscientes de su poder.

Ella celebró mi comentario la primera vez, estoy seguro de que la segunda también, y puede que hasta la tercera. Luego se hastió de alzar la mirada para leer, y un día en que todo daba lo mismo dijo me voy, no soporto más. No solo abandonó la casa y la ciudad, también se fue del país; bien lejos, donde ni vivos ni muertos pudiéramos alcanzarla.

Dejé de averiguar qué opinaban sobre aquel mensaje la segunda vez que mis hijos fingieron no haberme escuchado.

Ayer pregunté y tres de los nietos sonrieron, aunque sin el entusiasmo de mis padres al principio. El otro, el que nunca llegó a levantar los ojos de lo que veía en su celular, murmuró en esa pared lo que hay son manchas, abuelo, va a tener que chequearse la vista. Debí reprender al mocoso como se merecía, contarle las tantas cosas del inicio; es más, abrí la boca para hacerlo, pero en ese momento dudé si en el cartel se usaba la palabra *siempre* o *siembre*.

No me he asomado a comprobar.

Estado del tiempo
(páginas escogidas)

Pero si tú vienes a cualquier hora...

Antoine de Saint-Exupéry

Martes 14 de julio

Abriera la puerta que abriera, ahí estaba el gato amarillo esperando para tratar de meterse en la casa. Si lograba vencer la barrera de mis pies, los escobazos, o el agua que ya al final, desesperado, comencé a tirarle, no huía ni buscaba esconderse dentro de alguna habitación. Se quedaba quieto sobre el piso, recogido en sí mismo y con los ojos muertos, como negados a ver.

—Seguro era un gato de casa y lo botaron en la avenida, el pobre —dijo la esposa de mi nieto mientras cenábamos.

Puede ser, pero eso no explica cómo lograba estar en todas las puertas al mismo tiempo.

En fin, fue un día perdido. Con el gato acechando para meterse, no hubo modo de salir a recoger las hojas del patio, ni a regar el jardín, ni a podar un poco el jazmín del frente, que está enorme. Y en medio de esa contienda, exacto a las tres en punto, llama el gracioso otra vez. *Oigo... aló... diga... ¿sí?... ¿bueno?...* Qué impotencia, Dios mío. Qué manera de gritarle improperios. Y ni así, tampoco hoy dijo una palabra... aunque fuera mal rayo te parta, cabrón.

Cuando mi nieto y su esposa llegaron del trabajo les pregunté: ¿Vieron el gato? ¿Qué gato?, me respondieron. Y salgo a enseñarles, pero afuera no se veía ni la sombra del gato amarillo.

—Seguro fue a ver si podía meterse en otra casa.

Eso opinó la esposa de mi nieto mientras cenábamos, y después hicieron como que olvidaban del asunto. Hablaron de la tormenta que anda por frente a las Carolinas y de lo atentos que debían estar al Weather Channel para decidir si salen o no los camiones de la empresa esta madrugada. Terminando la cena, vine directo para la habitación, y nada, en menos de treinta movimientos la computadora me despalilló dos juegos. Cambié del ajedrez para un crucigrama que me aburrió enseguida. Entonces me puse a leer.

Van a ser las once y media, ya estará terminando el noticiero. Siento que debería llegarme al cuarto de música, y con el cuento de preguntar sobre la tormenta, dejarles claro que el de hoy era un gato real. Nadie puede inventarse una mirada como la de ese gato.

Lunes 20 de julio

EMELINA LA DE ZENEA: ¿Y nunca dice nada cuando llama, nadita-nadita? Uff, eso sí que saca de quicio.
Me gusta . Responder . 17 h.

SERGIO BELASCOAÍN: ¿Y qué tú haces, Minio?
Me gusta . Responder . Ayer a las 16 h.

FIFÍ LAPUENTE: Puede informar a la división de delitos telefónicos de la policía.
Me gusta . Responder . Ayer a las 16 h.

TETÉ ALONSO: Si llama siempre a las tres de la tarde, no te rompas la cabeza… ¡Es Lola!
Me gusta . Responder . 16 h.

HERMINIO RELOJERO: ¿Qué quieres que haga, Sergio? A nosotros nos criaron en aquello de que el teléfono se usaba para cosas importantes… Señor Lapuente, ¿cómo lo denuncio si lo único que aparece en la pantalla del celular es *número reservado?*
Me gusta . Responder . 16 h.

PERSI MONTÁS: No coja lucha, tío. Su compañía de teléfonos puede bloquear el número aunque sea anónimo. Ellos tienen la firma (*electronical identification*) del que llama. Notifíquelo
Me gusta . Responder . 15 h.

PERSI MONTÁS: Todavía más fácil. Agréguelo a la lista de números *rejected.* Si quiere, paso por la casa del primo esta noche y lo ayudo.
Me gusta . Responder . 15 h.

TETÉ ALONSO: Pero si lo bloqueas nunca sabrás quién llama. ¡Ustedes no tienen sentido del humor, cojoyo!
Me gusta . Responder . 14 h.

VALDO GOURNET: Mira qué casualidad, ayer domingo vino el barbero a pelarme y comentó que a su hija le está pasando eso mismo, pero creo que de noche. El barbero es hijo de aquel Almarales que vivía por la Guariana, el profesor de Educación Laboral… ¿Te acuerdas?
Me gusta . Responder . 1 h.

Emelina la de Zenea: Pues si fuera tú, lo denunciaba y que vaya a llamar a la casa del zipote. A propósito, Minio, tengo un relojito que era de mi hermana Constanza, en paz descanse, y dejó de funcionar hace añales… ¿todavía te acuerdas de tus buenos tiempos?

Me gusta . Responder . 45 min.

Viernes 24 de julio

Ahí se habría quedado el racún (pegadito a la cerca, debajo de las campanillas) hasta que comenzara a apestar, si yo no hubiera ido al patio en busca de algo para detener el salidero de agua en mi inodoro. Tenía las patas encogidas al aire y una expresión rara, como de disgusto por morirse entre todos los verdes que brillaban esta mañana, después de dos días sin parar de llover, y el caso es que no se parecía al animal malgenioso que ya desandaba por los patios cuando nos mudamos para acá. Regresé a la casa. Los inodoros modernos usan piezas de plástico, no están pensados para que los remienden, y tampoco podía enterrar al racún. ¿Quién le aguanta la boca a mi nieto si ve que hicieron un hueco en la grama del patio?

El sonido del celular me hizo dar un brinco. Estaba concentrado, viendo cómo el ácido veteaba el rosado en la carne de salmón y me preguntaba cuál sería la diferencia si el inodoro estuviera muerto y el racún fuera de plástico. Eran las tres en punto. Me sequé las manos y tomé la llamada tentado de preguntar: *Oiga, ¿ya sabe que el único arreglo para las cosas viejas es reemplazarlas?*, pero no lo dije. El celular me pesaba con una dureza ajena sobre el oído izquierdo mientras la otra persona hacía lo de siempre: callar. También yo guardé silencio esta vez. Hasta que colgó a los diez minutos más o menos.

Entonces vi el mensaje de Romelio en el teléfono:

7/24/15

Metieron a Perucho en un *home.* Se puso violento.
Llámame.

3:06 p.m.

Perucho nunca fue lo que se dice un relojero hábil, pero sí era un alma de Dios. Cuando decía más de quince palabras durante una jornada de trabajo, podía considerarse que había estado especialmente comunicativo ese día.

Al llegar en la tardecita, mi nieto discutió por teléfono con el *handyman,* que no puede venir a arreglar mi inodoro hasta el lunes o el martes, y echó el racún en la basura. Lo agarró por el rabo, levantó la tapa del tambucho verde, y lo tiró adentro. No lo hizo a mano pelada, por supuesto, usó un periódico. Terminada la gestión, nos miró a su esposa y a mí, que lo observábamos desde la puerta del patio:

—¿Qué tanta bobería con ese bicho odioso? Anoche un loco mató a una pila de gente dentro de un cine y yo no vi que ustedes se pusieran tristes.

Después de reposar la cena, mientras pensaba en la mejor variante para ganarle una partida a la computadora (bueno, algo es algo, al final le saqué unas tablas), la esposa de mi nieto me dijo:

—No tenga pena, Minio, use el baño de nosotros. Cuando era niña, en casa vivíamos once y nadie se murió por usar el mismo baño.

Le di las gracias, pero en este momento me preocupan más la mañana de mañana, sábado, y el desayuno familiar. No habrá otro tema de conversación que ese cine y esos muertos, puedo ponerle el cuño.

Miércoles 12 de agosto

Cada llamada es distinta. Hoy la otra persona estaba recostada a un mueble; o era a la pared y tenía un mueble al lado, una de dos. Lo descubrí a los quince minutos más o menos por unos golpecitos sordos que empezaron a escucharse, de dedos tamborileando sobre un cristal. Algo después, la persona rectificó la posición de un objeto, que hizo un quejido chiquitico al ser desplazado, y ya hacia la hora se puso confianzuda. Dos veces abrió gavetas, uno de los ruidos más fáciles de identificar, más todavía que el de pasos o el de una taza al ser depositada encima de su platillo. Esta vez no hubo taza, y muy pocos pasos, probablemente para descansar la postura nada más. Creí escuchar también el chirrido de un bolígrafo al escribir, pero de eso no estoy tan seguro porque fue muy próximo al momento en que cerró la llamada. Aunque había ido cambiándome el teléfono de oído cada cierto tiempo, al final me dolían los dos. ¡Eran las cuatro y treinta y cinco de la tarde!

Lunes 31 de agosto

Voy caminando por la calle General García con las manos llenas de galletas (aquellas galletas de sal medianitas, redonditas, amarillitas), y aunque pongo mi mejor empeño en asegurarlas contra el pecho, las galletas caen hacia todos lados. Así voy, frustrado. En la esquina del parque, un gentío mira hacia una tatagua enorme que está posada en la fachada de La Creación. Sus alas son muy negras y están muy abiertas; no se ven manecillas ni números en ellas, pero quienes se han agrupado frente a la tienda siguen la hora a través de la tatagua con la expectación del que espera por un suceso muy importante. Hasta despertar no tomé conciencia de la voz que en el sueño iba leyendo un parte meteorológico. Era una voz de mujer, apática y machacona, que repetía una y otra vez la expresión *el punto cero*. ¿Qué carajo sería el punto cero?

Nunca duermo siesta (para mi padre, que Dios tenga en la gloria, quien dormía siesta partía su día en dos), y supongo que la llamada de las tres solo duró un par de minutos porque la otra persona escuchó el peso del malhumor en mi respiración y prefirió colgar.

Martes 1 de septiembre

NÚMEROS

From: noreplay@keepsilent.com

September 1ˢᵗ
(2 hours ago)

To: miniorelojero@hotmail.com

Apreciado señor: Cordialmente le invitamos a encontrar en este mensaje una lista de números telefónicos y las horas en que sería conveniente llamarlos. Si decide elegir alguno, le solicitamos que nos lo indique haciendo clic sobre el número en cuestión y marcando la palabra *tomado* en el enlace que se abrirá. A partir de ese momento, su única tarea será llamar a ese número cada día sin falta, siempre a la hora indicada, y permanecer callado. Más abajo listamos también algunos consejos para que su número telefónico no aparezca en el *caller id* de la persona llamada. Confiamos en su probada seriedad y prudencia. Por favor, no responda este mensaje, nuestra dirección de correos electrónicos no está habilitada para recibir respuestas. Las decisiones que usted tome nos parecerán en todos los casos las mejores. Gracias.

Hoy fue un día acosado por los números. La identidad, un número. La ubicación, otro número. ¿Maneras de comunicarnos?, más números. La posibilidad de ser feliz, aunque sea al chispazo de un segundo, proviene de calcular algún número. Inserte el número de su tarjeta, por favor. Ahora, la fecha de expiración (número-barra-número-barra-número). Hemos comprobado su número de seguridad, gracias, y le estamos enviando el número de verificación. La elemental acción de amarrarnos los zapatos, todo y cada cosa en nuestra vida, revela o esconde un número. Cierto que hay también demasiadas palabras dando vueltas por ahí, pero las palabras son boconas, les gusta hacerse notar, mientras los números arrastran sigilosos sus cuerpitos articulados, o permanecen quietos como cocodrilos con la boca abierta, esperándonos. A las tres y seis minutos (otro número) fui yo quien cerré la llamada por primera vez desde que empezamos a callar juntos.

En la tardecita, nada más abrir la puerta y soltar su bolso en el sofá de la sala, la esposa de mi nieto preguntó:

—Minio, ¿pudo pagar los *biles* que le dejé?

Le contesté que sí, claro. Me había pasado la tarde entera en Internet, pagando *biles*.

—¿Todos? ¿El del seguro médico también?

Todos-toditos. Aunque por su edad es posible que ella no se diera cuenta, tenía razón: algunos números son muy viles, unos más que otros.

Martes 8 de septiembre

Santísima Virgen de la Caridad del Cobre, ¿¡cuántos insultos caben dentro de una lengua!? ¿Tanta furia nada más porque alguien llama y tiene la delicadeza de no hablar?

Cachita, tú que has probado ser milagrosa, bendice el camino de la repetición para que nos conduzca hacia el manso equilibrio del silencio. Ah, y si puedes, ahórrame los fines de semana largos, *please*. Amén.

Domingo 25 de octubre

8:30 a.m. – Rastrillar (con la fresca) y recoger las hojas del patio (si el huracán Patricia no empuja sus lluvias hasta acá).

9:50 a.m. – Dejar listo el tambucho de la basura.

10:30 a.m. – Prepararme para hacer la primera llamada.

11:00 a.m. – Hacer la primera llamada.

—Minio, lleva horas sentado frente a la ventana. ¿Se siente bien? –era la esposa de mi nieto, que se paró detrás y puso una de sus manos sobre mi hombro izquierdo. Pocas cosas me molestan tanto como una mano ajena sobre mis hombros.

—Claro, hija, pensar no es una enfermedad. ¿Sabes cuántas personas han pasado caminando por la avenida desde que estoy sentado aquí? –silencio–. Ni una.

—Es muy peligroso. Hay demasiado tráfico y un sol que mete miedo.

Cierto. Pocos se atreven a caminar por la avenida; cuando mucho, algún valiente dispuesto a cualquier sacrificio con tal de pasear a sus mascotas. Nosotros no tenemos mascotas. Mi nieto las detesta, y al no haber niños en casa, tampoco hay quien las exija.

12:30 p.m. o 12:45 p.m. – Almuerzo.

1:30 p.m. – Revisar por qué se traba el llavín en la habitación de visitas y poner a descongelar las carnes que indique la esposa de mi nieto (o al revés).

2:30 p.m. – Prepararme para recibir la llamada.

3:00 p.m. Recibir la llamada.

4:00 p.m. o 4:30 p.m. – Sacar el tambucho de la basura.

5:00 p.m. – Bañarme y resolver algún crucigrama o leer un rato.

—¿Por qué no viene a la playa con nosotros, Minio? Nos vamos a reunir en South Beach con Romelio y los demás —era otra vez la esposa de mi nieto, que permanecía parada detrás aunque por fortuna sin la mano sobre mi hombro.

—Detesto ir a la playa, el sol me hace daño.

—Pero Minio, no puede estar siempre encerrado en la casa. ¿Le echa de menos a la Pequeña Habana?

Silencio. Hay cosas que la decencia no permite explicar.

—Abuelo, ayer me encontré con Lisandro de casualidad en Publix y me dijo que usted ha dejado de cogerle las llamadas. Tío Romelio se queja de lo mismo y jura que no lo llama más. Si le está pasando algo, díganos...

Esta vez era mi nieto, que llegó desde el comedor sin camisa, el pelo mojado y sus manos en plena operación de ajustar el cinto.

—Estoy muy bien, dejen de preocuparse. No les respondo las llamadas porque nada más hablan de gente muerta... –me levanté del balance y cogí camino hacia la habitación–. A ver, hoy es domingo, ¿no? Pues antier me llamó tu hermana desde Atlanta y estuvimos dando cháchara como media hora... puedes preguntarle si quieres

—me detuve antes de abrir la puerta—. Diviértanse en la playa y denle un abrazo a Romelio de mi parte...

7:30 p.m. – Cena.

8:30 p.m. – Prepararme para hacer la segunda llamada.

9:00 p.m. – Hacer la segunda llamada.

10:00 p.m. o 10:30 p.m. – Echar una partida (apertura Ruy López) o, según vayan saliendo las cosas, dos.

11:00 p.m. – Leer y después escribir (o al revés).

Miércoles 25 de noviembre

Dolor en el codo izquierdo y las rodillas, carraspera... Estoy engarrotado y, por lo que se escucha, la casa también. El sonido dominante en la mañana no fue el silbidito flojo que corre bien abajo por las paredes, casi pegado al piso; es más, puedo asegurar que ese ni se presentó. En su lugar tuvimos un susurro corto que a veces se sentía con un poquito de eco mientras iba saltando de una habitación a la otra. Ya a media tarde, que es el mejor momento de los crujidos, entre roce y roce se distinguió también un golpecito sordo, semejante a un latido sin ritmo, que no recuerdo haber oído en otra ocasión... Este frío y los caprichos de la casa me van a volver loco, seguro.

En eso las llamadas son más sencillas. Cada quien respira distinto, y luego los sonidos dentro de cada respiración repiten patrones semejantes según el estado de ánimo de la persona. Así es cómodo saber cuándo el otro está triste, ansioso, contento, o si tiene miedo. Aparte de ser más escurridizos, no hay dos días en que los ruidos de la casa se presenten iguales ni en el mismo orden... ¿Y si no significan nada por separado? Eso puede ser. También podrían ser piezas articuladas entre sí, como la máquina de un reloj, para decir algo que todavía no entiendo. Pero ya lo entenderé, sí que lo entenderé... digo, si es que antes este frío no me manda de un empujón para el otro lado, o viene por acá abajo uno de esos tornados que están acabando en Oklahoma, o la celebración familiar de *Thanksgiving*, mañana, no me deja completamente imbécil.

Miércoles 2 de diciembre

De pronto nada más se oían gritos, dijo una mujer sollozando en la televisión, y Mrs. Patrie tradujo sus palabras al mismo tiempo que el locutor. Mrs. Patrie es una de esas viejas que este país produce en serie: alta, flaca, amarillenta y con la cabeza toda sembrada de pelusa. Vive al lado sin otra compañía que dos perrazos escandalosos, y hasta hoy las veces que crucé miradas con ella por sobre la cerca del patio, me observó en silencio, alerta, como si yo representara un peligro inminente. El milagro de su presencia ahora mismo en nuestro cuarto de música se debe a una pareja de árabes que decidieron tocar el danzón del gatillo alegre en San Bernardino. Lo más seguro es que mi nieto y su esposa se cruzaran con Mrs. Patrie afuera, comentaran algo, y ahora beben juntos vodka con jugo de naranja frente al televisor, mientras cambian expresiones adoloridas (¡Dios mío, ya van por nueve los muertos!) o airadas (¡Este presidentico que nos gastamos!).

Hace un rato vine para la habitación, hice la segunda llamada y me puse a chequear los relojes de la próxima temporada. Pero ni así escapa uno a los gritos. En Internet nada más se habla de la masacre y el audio del televisor llega hasta acá con premeditada intermitencia: golpea de repente como un mugido histérico y desaparece enseguida. Nunca antes ocurrió eso, nunca el sonido del televisor se había escuchado hasta aquí. Quizás esta noche las paredes han adelgazado o todo se debe a que los ruidos de la casa desaparecieron. Y el caso es que tendremos gritos para diez o veinte días más como mínimo. Vendrán desde todas partes y nos harán saber hasta la marca de ropa interior que compraban los asesinos, mientras los pobres muertos estarán cada minuto más muertos. Sí, es como para ponerse a dar gritos. Vaya uno a saber si el silencio de la casa no es también una forma de gritar.

Por cierto, los relojes de la próxima temporada son una mierda.

Viernes 11 de diciembre

Hoy no levanté la llamada de la tarde ni marqué las otras dos, no quería que nadie leyera en mi respiración. Tampoco escribí ni pude dormir anoche. Me tapaba y sentía calor; me destapaba y temblaba de frío. Traté de concentrarme en los ruidos de la casa pero no aparecieron, así que la oscuridad siguió siendo un peso tétrico y yo no hallaba cómo acomodar mis brazos en la cama… Mucho me temo que esta noche sea peor.

¿Por qué piensan los que organizan esto de las llamadas para no hablar que alguien como la esposa de mi nieto podría necesitarlas? No es tiempo lo que le sobra ni trabajo lo que le falta, digo yo… ¡Qué confusión tan mierdera! Hacía mucho que no abría los correos de *no-replay* con números para que uno llame y no diga ni esta boca es mía. Me sobran años, sé que las satisfacciones solo siguen siéndolo si uno las dosifica. Fue por pura curiosidad que abrí uno de esos correos ayer en la tardecita, y no estaba más que dejando rodar la vista sobre los números, cuando uno de ellos me enganchó. Era (es) el de la esposa de mi nieto. ¿Le digo? Ella es familia, alguien cercano, y pienso que debería advertirle; pero al mismo tiempo, ¿cómo hacerlo sin contar la historia de las llamadas? Y una vez que ese asunto salga a la luz, ya nada será lo mismo, eso puede darse por seguro. ¿Qué hago, Dios mío?

Sábado 12 de diciembre

Mi nieto masticaba como un campeón su plato de fufú con dos huevos fritos a caballo, mientras la esposa iba de su silla a la estufa y de la estufa a su silla sin soltar la taza de café que sostenía en la mano izquierda. Supuse que sería, como poco, la tercera taza para empezar la mañana. Yo no tenía ni pizca de hambre, ¡qué hambre iba a tener!, y si estaba allí haciendo un paripé con el pan y la mermelada, era para cumplir el trámite del desayuno familiar. Pero quizás mi cerebro había concebido un plan aparte y mi nieto no estaba concentrado del todo en su fufú porque de pronto comentó:

—Me está mirando raro desde hace un rato, abuelo…

De momento no respondí. Carraspee como si hubiera algo molestando en mi garganta y bebí un sorbo de café con leche.

—Nada –dije queriendo sonreír–, trataba de escuchar el sonido que haces al respirar.

Él se despejó con la lengua el espacio entre los dientes y la parte interior de los labios; primero la de arriba y luego la de abajo. Hizo enseguida varias muecas para comprobar el éxito de la operación, y al parecer contento con el resultado, me aconsejó:

—Abuelo, va a tener que jugar menos al ajedrez contra usted mismo.

La esposa de mi nieto se había sentado por fin a la mesa y me miraba mientras sujetaba la taza con ambas manos, como si pesara mucho. La miré a ella y hablé para él:

—Gracias, niño, pero estás en un error. Cuando juegas solo no compites contra ti mismo, igual que cuando te callas no dejas por eso de hablar.

Él rio suave y algo de esa risa sobrevivía en su expresión divertida cuando se puso de pie:

—Eso está demasiado profundo para mí, abuelo —se volvió hacia su esposa—. Cuélame café fresco mientras me visto. Tengo que ver cómo resuelvo lo del camión roto en Chicago, así que probablemente regrese tarde. Ah, y no me llames si no es por un asunto de vida o muerte —y fue hacia su habitación.

¿Hubo de verdad algo especial en la esposa de mi nieto esta mañana? Después, con los trajines y las llamadas, dejé de darle vueltas al asunto, pero ahora que lo pienso otra vez vuelvo a tener la impresión de que había un punto muerto en sus ojos, no sé, como una necesidad muy grande de no ver. Seguro, nunca antes le vi una mirada como esa.

_______________ **Maneras de matar**

Para Marcos Santana

Ciudades

Así fundé yo esta ciudad; lo hice sin planificarlo y de a poco, un chin hoy y otro mañana, porque de que tomó su tiempo, lo tomó... eso puedo jurarlo. Y claro que cuando llegué ya había calles allá afuera, lo mismo que edificios, *moles* y vehículos con gente yendo a cualquier parte, pero era igual que si no estuvieran. Por mucho que luchara para hacerme un caminito entre las gasolineras, los ciclistas, los parquímetros y los semáforos, nada... ni modo de hallar una sombra, una brisita amable aunque fuera, así que no importaba si yo jamás de los jamases había visto ese canal o aquella autopista elevada, el caso era que el canal y la autopista me rebotaban para la ciudad de donde Él me expulsó... una ciudad —y dígase porque es cierto— donde nunca se ha visto un canal ni una autopista elevada... Pues ahí estaba yo, majando aire, viendo a los *jomles* empujar sus carritos repletos de tereques, tan conformes con el paso de los días porque a fin de cuentas las calles estarían siempre allí para ellos, y en algún momento debí decirme esta vaina no puede seguir, no señor, y empecé a empatar lo que se daba suelto. O eso creo. ¿Cuándo supe, por ejemplo, que las torres del *dauntaun* están para que el horizonte valga la pena y la ciudad no sufra la falta de montañas? Ni idea. Se me ocurre que empecé a entenderlo —de a chin, ya lo dije antes— en aquellos madrugones que me cayeron encima cuando conseguí el trabajo como aprendiz para hacer jardines y tropecé con el olor a palo, a tierra, a brote húmedo, a la bruma que la última oscuridad de la noche esconde entre las casas de *bló*, tan nítidas con sus parabólicas sobre los tejados rojos y los carros quietecitos en los garajes. ¡Esos no eran los olores que uno esperaría encontrar en el amanecer de un sitio tan dado al fantasmeo! Pero, la verdad, cómo rayos iba a saber yo que en ese momento fundaba algo, si hasta ignoraba por qué no hay forma de levantar la cabeza sin ver en el cielo un avión que no es para nada un avión, por mucho que a uno así le parezca, sino una maña de la ciudad para recordarte cuántos caminos tienes en caso de que quieras irte... Yo nunca me fui. Nunca regresé a la ciudad de donde Él me expulsó, aunque una época hubo en que los parientes y los amigos escribían cartas por un tubo y siete llaves para decir que las cosas allá cambiaban, que ya Él no era dictador sino presidente, que oyera las noticias porque todavía estaba a tiempo de volver y estudiar para periodista, como quería yo de muchacho... Y no, dijeran lo que dijeran, allá estaba Él, y con Él la cárcel, la sombra del chivato que no se te descose del miedo, así que preferí quedarme y hacerle jardines a esta ciudad. Los he hecho de día y de noche, inventando combinaciones de colores en los canteros y colgando tarros hasta de las nubes; tirando grama como un orate y podando árboles con los que no puedes equivocarte porque si los dañas te echan más años de cárcel que por matar a un cristiano. En casas, parques, condominios, oficinas, hoteles como este, donde quiera hay un jardín hecho con mis manos, y tanto afanar solo para amansarle los caprichos a esta ciudad que se da difícil, donde si te descuidas el sol te achicharra los sesos y al pie y medio de estar cavando lo mismo puedes tropezar con un piso de rocas que con un manantial... En el fondo, no deja de ser una jodida cosa que yo haya venido a comprender todo eso aquí, escondido en el balcón de la madreselva que cae hacia el patio interior del hotel donde los camareros bromean con los *sequiúritis* mientras preparan la mesa enorme con un cartel detrás que dice bienvenido, señor presidente en un español pintado de rojo. Un cartel que sus ojos ciegos no verán. Como no verán la madreselva que sembré hace más de tres años para que fuera un chorro de olor cayendo sobre el patio y limpiara el aire todo alrededor. En esa época, quién iba a imaginar este día y cómo de pronto lo único importante sería esperar el aviso de las voces allá abajo y apoyar el rifle sobre el muro, deslizar sutilito el cañón entre las flores blancas de la madreselva y apuntar bien para que mis manos de jardinero siembren una bala en su frente. Voy a disparar por lo mucho que nos ha hecho sufrir y por mi hermano Carlín, eso puedo jurarlo. Pero ahora sé que también va a morir porque, viejo y ciego como está, todavía tiene la cachaza de venir a robarme esta otra ciudad que tantos años me costó fundar.

Ajeno final

Al apoyar el rifle sobre el muro, una punzada en la cintura le reclamó las horas que llevaba agazapado en el balcón. *Vamos a lo que vinimos,* quiso darse ánimo, apartar de su pensamiento todo lo que no fuera apuntar con la mayor precisión. Como había planeado tantas veces desde la noche anterior, adelantó el cañón entre las claras hojas de la madreselva y buscó colocar la perspectiva del disparo sobre el nacimiento de las cejas, pero la expresión del rostro atrapado en la mira, más indiferente que desprevenido, suspendió cualquier emoción que hubiese imaginado sentir en ese instante. Observó a la figura sentada frente a la mesa, allá abajo, que se le ofrecía en una inconcebible fragmentación. El escaso y blanco cabello, los enormes espejuelos de pasta destinados a amplificar una mirada inexistente, las comisuras de los labios hundidas en una patética –y hasta ahora no descubierta por él– expresión de tiburón triste, las manos muertas sobre el mantel, a la espera de que el ayudante acabara de acomodarle la comida en el plato… No encontró una relación plausible, adecuada para un momento como aquel, entre los ojos ciegos, perdidos en lo alto, y las manos que comenzaron a moverse torpemente, acarreando el alimento hasta la boca, mientras el resto de los comensales en torno a la larga mesa blanca hablaban y reían y celebraban su nombre –el Presidente esto, el Presidente aquello– como si vivieran en otra realidad, una donde los granos de arroz y los pedazos de pollo no escaparan de los dedos del anciano ni cayeran sobre la camisa blanca, la roja corbata, el saco azul. Intuyó que debía rearmar la imagen tal y como su rencor la había conservado por tantos años, y enfrentó aquella figura senil con el recuerdo de la voz agria y el condenatorio dedo índice apuntando desde el micrófono; repasó frases implacables de sus discursos, las fotos altivas que por décadas habían acompañado citas suyas en las primeras planas de los periódicos; regresó la imagen de Carlín tirado en la escalera, dejando ir su sangre hacia abajo, escalón por escalón; recuperó el olor a creolina de los días en la celda común, esperando que llegara la hora de la pelota cubana para arracimarse en torno al radito de pilas y pescar la voz de Bobby Salamanca entre los ruidos de la estática. *Vamos a lo que vinimos*, intentó espolear otra vez su ánimo, y devolvió el centro de la mira a la frente manchada de lunares pálidos que le facilitaba allá abajo esa postura incoherente tan habitual en quienes no nacieron ciegos: el tronco encorvado y el rostro levantado hacia el techo... Y nada, no consiguió restituir una expresión despiadada al anciano que rompió a toser mientras el ayudante se apresuraba para acercar un vaso con agua a sus manos. Tampoco encontró dentro de sí restos de ira, ni siquiera ante el argumento de que aquel hombre no solo lo había expulsado alguna vez del lugar donde nació, sino que ahora venía a retarlo en esta otra ciudad. En vez del odio que supuso haría hervir su ánimo en un instante como ese, le pareció que el gatillo del rifle palpaba la yema de su dedo índice con una frialdad inexplicable, incluso absurda a la luz de la crucial decisión que él estaba obligado a tomar. *A este viejo le queda una afeitada si acaso*, pensó, y en una de esas seguridades absolutas que llegan no más de tres o cuatro veces durante una vida, comprendió que al contraer el dedo dispararía también contra todo lo que hasta ese momento había sido su propio mundo, y de algún modo al mismo tiempo insólito y natural, no tuvo la menor duda de que aquella ruina humana atrapada en la mira era un poco él mismo, puede que su reverso, pero alguien personal e íntimo a fin de cuentas. Disfrutó unos segundos la forma en que esa idea relajó los músculos de sus hombros y respiró profundamente el aroma de la madreselva. Una gran paz lo invadía en el momento que ap…

¿Sería tan amable, estimado lector, de agregar las tres palabras que faltan para concluir esta historia? Hasta donde alcanzo a ver, tres son también las posibilidades:

a) …apretó el gatillo.

b) …apartó el arma.

c) …cualquier otra combinación a partir de ap…
que le parezca adecuada.

Muchas gracias.

————————————— **José M. Fernández Pequeño**

Escritor de origen cubano. Ha cultivado la crítica literaria, la narrativa, el ensayo y la literatura para niños. También ha desarrollado una larga carrera como profesor universitario, editor y gestor cultural. Estuvo entre los fundadores del Festival de la Cultura Caribeña, la Casa del Caribe y la revista *Del Caribe*, todos en Santiago de Cuba.

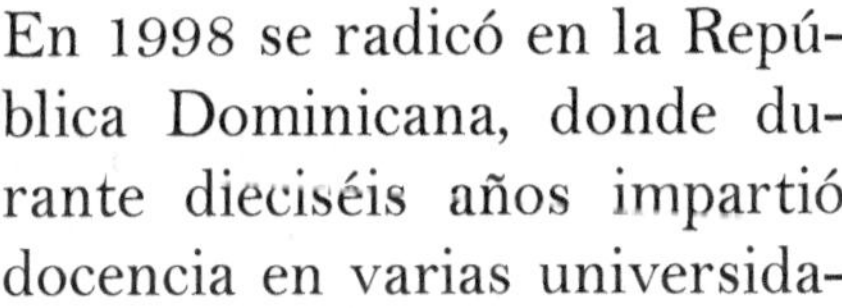

En 1998 se radicó en la República Dominicana, donde durante dieciséis años impartió docencia en varias universidades y se desempeñó en instituciones como la Academia de Ciencias, Ediciones SM y el Centro Cultural Eduardo León Jimenes.

Se sabe que ha recibido algunos premios literarios pero, al preguntar sobre ese aspecto a Fernández Pequeño, confesó haberlos olvidado. Y dijo más, dijo que cada libro suyo es solo una forma de difuminarse, un paso más en su aspiración por disolverse en el mundo. Su aporte a la noble tarea de hacer que la realidad sea cada vez más irreal. La foto que acompaña estas líneas parece confirmar lo dicho.

Por ahora, vive y trabaja en Miami. Mañana, ¿quién sabe?

—Luna Insomne Editores—
terminó de imprimir
Sutiles, de
José M. Fernández Pequeño,
en el mes de agosto de 2018.